능력과 가치를
높이고 싶다면
된다!

상위 노출 | 애드포스트 | 광고 협찬
수익화 | 인플루언서 | 무지출

된다!

하루 30분!

체험단부터
광고 수익까지

돈 버는
블로그
만들기

마주현(워킹노마드) 지음

지금 당장 도전할
체험단 사이트
150개 제공!

이지스 퍼블리싱

능력과 가치를 높이고 싶다면
된다! 시리즈를 만나 보세요.
당신이 성장하도록 돕겠습니다.

된다!
체험단부터 광고 수익까지
돈 버는 블로그 만들기
Gotcha! Making a Profitable Blog

초판 발행 • 2024년 10월 8일

지은이 • 마주현(워킹노마드)
펴낸이 • 이지연
펴낸곳 • 이지스퍼블리싱(주)
출판사 등록번호 • 제313-2010-123호
주소 • 서울특별시 마포구 잔다리로 109 이지스빌딩 3층(우편번호 04003)
대표전화 • 02-325-1722 | **팩스 •** 02-326-1723
홈페이지 • www.easyspub.co.kr | **인스타그램 •** instagram.com/easyspub_it
Do it! 스터디룸 카페 • cafe.naver.com/doitstudyroom | **페이스북 •** www.facebook.com/easyspub

총괄 • 최윤미 | **기획 •** 임승빈 | **책임편집 •** 지수민 | **기획편집 1팀 •** 임승빈, 이수경, 지수민
삽화 • 은조 | **교정교열 •** 박명희, 박희정 | **표지 디자인 •** 김근혜 | **본문 디자인 •** 트인글터 | **인쇄 •** 보광문화사
마케팅 • 권정하 | **독자지원 •** 박애림, 김수경 | **영업 및 교재 문의 •** 이주동, 김요한(support@easyspub.co.kr)

ISBN 979-11-6303-642-5 13000
가격 18,000원

맛집, 카페, 미용실, 호텔 등
체험단 참여로
마음껏 즐기며
내 블로그를 키워 보세요!

블로그는 어떻게 활용하느냐에 따라 단순한 취미가 될 수도, 누군가의 삶을 변화시키는 강력한 도구가 될 수도 있습니다. 블로거로서, 그리고 13년 경력의 마케터로서 경험을 담은 이 책이 여러분의 새로운 경험에 큰 도움이 되기를 바랍니다. 자, 이제 체험단부터 시작해서 블로그 전문가가 되는 여정을 시작해 볼까요?

이 책, 이런 분께 추천해요!

★ 체험단에 도전하고 싶은 **초보 블로거**

★ 체험단으로 생활비를 절약하고 싶은 **일반인**

★ 블로그로 부수입을 내고 싶은 **직장인**

★ 문화생활을 더 즐기고 싶은 **대학생**

★ 블로그 수익화에 관심 있는 사람이라면 **누구나**

"블로그로 시작하는 새로운 인생!
체험단부터 수익화까지, 새로운 가능성을 열어 드립니다!"

여러분, 혹시 이런 생각 해보신 적 있나요? "블로그, 그냥 취미 아닌가?" "체험단으로 뭘 할수 있다고..." 그런 생각도 잠시, 2003년 친구들과 소통하려고 블로그를 시작하게 됐어요. 그리고 2012년, 우연히 화장품 체험단에 참여하게 됐습니다. 체험단 활동을 하면서 다양한 제품을 써보고, 여행도 다니고, 문화생활도 즐겼어요. 생활비도 아끼고 원고료도 받았죠. 그 때만 해도 이 활동이 인생을 바꿀 줄은 몰랐습니다.

이후 마케터가 되어 수많은 블로그를 분석하고, 체험단을 모집하고 운영하는 일을 했습니다. 그러면서 깨달았습니다. 유명하지 않아도 체험단으로 선정하게 되는 블로그에는 특징이 있다는 걸요. 여러분의 블로그도 체험단으로 선정될 수 있습니다. 이 책《된다! 체험단부터 광고 수익까지 돈 버는 블로그 만들기》는 여러분을 그 놀라운 여정으로 안내할 거예요.

 블로그, 이왕이면 체험단으로 시작해 보세요

아직 블로그가 없지만 만들어 보고 싶나요? 만들어 둔 블로그를 그냥 방치하고 있다고요? 그렇다면 체험단으로 활동하며 후기를 담는 블로그로 꾸려 보세요. 이 책의 1장은 블로그 입문자를 위해 구성했습니다. 한 번 읽어보고 나면 블로그를 시작해야겠다는 마음으로 가득해질 것입니다.

 마케팅 담당자의 눈에 띄는 블로그 만들기, 초보라도 가능해요

블로그를 개설했다면 글을 채워 볼 차례입니다. 기획과 글쓰기처럼 생각만 해도 막막한 것들은 이 책의 도움을 받아 간단하게 넘어가세요. 2장과 3장을 보면 중요한 내용만 놓치지 않고 쏙쏙 뽑아 뒀다는 걸 느낄 수 있을 거예요.

체험단 신청부터 후기 작성까지 가장 친절하게 알려 드려요

글이 준비됐다면 바로 체험단에 신청해 봐야겠죠? 4장과 5장에선 체험단에 관한 모든 내용을 찾아볼 수 있답니다. 많은 사람이 어려워하는 공정거래위원회 문구 작성법도 여기서 안내합니다. 활동 중 생기는 의문이 있다면 이 책에서 모두 해결해 보세요!

 다양한 수익화의 꿈을 실현해 보세요

이 책의 내용이 어느 정도 익숙해지고, 체험단에 잘 선정되는 자신만의 노하우도 생겼다면 블로그를 수익화에 활용하는 다양한 방법을 배워 보세요. 6장과 7장에서는 내 블로그를 널리 확산하는 법, 블로그를 수익화에 활용하는 다양한 방법을 담았습니다. 체험단 활동뿐만 아니라 장기적으로 블로그를 관리하고 싶은 분들에게는 이 내용이 큰 도움이 될 것입니다.

마주현(워킹노마드) 드림

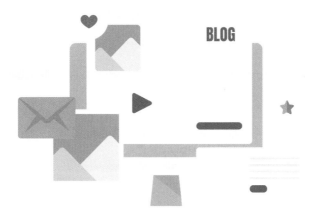

블로그 기획부터 체험단 후기 작성 노하우까지
이 책 하나면 끝!

체험단, 잘 몰라도 괜찮아요!
13년 경력의 마케팅 전문가가 쉽고 친절하게 알려 드립니다!

체험단이 뭔지 잘 모른다고요? 걱정하지 마세요! 이 책은 바로 그런 분을 위해 탄생했습니다. **체험단 선정 경험이 많은 마케터이자** 꾸준히 블로그를 운영하며 **체험단에 참여해 온 저자**가 꽁꽁 숨겨 뒀던 팁을 대방출합니다. 체크리스트로 내게 필요한 단계 점검하기, 블로그 만들기부터 체험단에 맞는 블로그 설정하기, 체험단 신청 웹사이트에 가입하고 체험단 방문하기, 후기 작성하기까지 **전체 과정**을 모두 함께할 수 있습니다. 이 책을 읽고 나면 어느새 나만의 체험단 블로그가 뚝딱 생겨나 있을 거예요.

기획 단계부터 차근차근!
손으로 직접 써보며 배워요!

너무 어렵게만 느껴지는 기획! 하지만 꼭 필요한 과정이니 차근차근 배워 보세요. 이 책은 **기획 단계에 필요한 전 과정을 직접 손으로 쓰며 따라가도록 구성했습니다.** 당장 생각나지 않는다면 우선 예시로 작성한 내용을 참고해 보세요. 목표나 주제 정하기 같은 어려운 과정도 어렵지 않게 해낼 수 있습니다. 탄탄한 기획은 블로그를 만들었을 때 빛을 발하는 법! 가끔 내 블로그의 방향이 흔들릴 때 미리 작성해 놓은 내용을 참고해도 좋습니다.

도전! 블로그 인플루언서 | 타깃 독자의 특징 정리하기

예시를 참고해 내 타깃 독자의 특징을 정리해 보세요.

성별 / 나이	주요 관심사	제공할 정보
여성 / 33	자산 관리와 업무 역량 향상에 관심이 많음	재테크 정보와 업무에 도움이 되는 자료 제공

체험단 선정에 꼭
필요한 과정만 쏙쏙
뽑았어요!

내 블로그를 더 키우고 싶다면?
'상위 1% 블로그의 비밀' 코너로 레벨 업!

어디서도 찾아볼 수 없어 답답했던 내용을 속 시원하게 정리했습니다. 주제별 수익 창출 방법은 물론 네이버 인공지능 '큐(Cue:)' 활용법, 블로그로 나만의 사업을 꾸리는 방법까지 알찬 내용으로 엄선했습니다. 특히 내 블로그를 수익화에 활용하고 싶다면 꼭 참고해 보세요.

 상위 1% 블로그의 비밀

체험단 모집 대행/지식창업에도 도전해 보세요!

놓쳐선 안 될 팁으로
가득한 코너!

앞서 배운 내용을 통해 블로그를 키웠다면, 이제 이 블로그를 나의 이력으로 삼아 조금 다른 활동에 도전해 볼 수 있습니다. 사실 블로그를 직접 이용하지 않는 수익화 방법도 많답니다. 체험단 모집 대행과 지식창업이 대표적인 예죠! 그동안 쌓아온 경험을 수익화에 활용해 나만의 사업을 꾸릴 수 있습니다. 그럼 체험단 모집 대행과 지식창업이 무엇인지 하나씩 살펴볼까요?

맛집, 네일아트, 미용실, 카페, 호텔, 화장품, 식품까지!
7개 주제의 체험단 후기 템플릿 제공

체험단에 선정됐다면 후기를 작성해야겠죠? 처음 써본다고 해도 걱정할 필요 없습니다. 저자가 준비한 템플릿대로만 내용을 채워 넣으면 되거든요! 구조도와 실제 블로그 글 예시까지 알차게 담아 든든합니다.

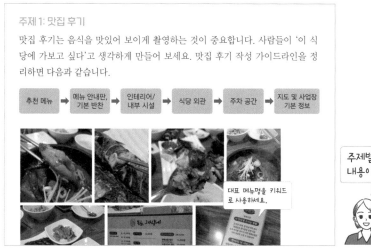

주제별로 넣어야 할
내용이 달라요!

01 블로그 성장의 동력, 체험단

01-1 블로그 시작, 아직 늦지 않았어요!   16

01-2 생활비를 아끼는 뜻밖의 방법, 체험단   23

01-3 내 블로그는 체험단에 뽑힐 수 있을까?   26

상위 1% 블로그의 비밀   알아 두면 평생 써먹는 블로그 용어 사전   30

02 블로그 세팅은 기획부터!

02-1 나를 보여 주는 운영 목표/주제 정하기   33

02-2 블로거는 모두 '전문가'다! 정체성 정하기   39

02-3 내 블로그의 팬, 타깃 독자 정하기   42

02-4 기본 기능으로 완성하는 블로그 설정   45

상위 1% 블로그의 비밀   주제별 수익 창출 방법   66

03 한 달에 천 명 방문자를 만드는 글쓰기 노하우

03-1 30일 연습으로 글쓰기 시작!   73

03-2 글만큼 중요한 키워드와 제목   76

03-3 블로그 글 작성 시간을 줄이는 3가지 노하우   85

03-4 조회 수 상승의 비결   91

상위 1% 블로그의 비밀   글 작성 시간, 효율적으로 관리하세요!   98

04 알고 가면 쉽다! 체험단 입문자 완벽 가이드

04-1	체험단의 5가지 종류	101
04-2	체험단 선정을 위한 블로그 구성하기	105
04-3	체험단 웹사이트 가입하고 내 블로그 연결하기	111
04-4	쉽게 선정될 수 있는 체험단 찾기	119
04-5	첫 체험단이라면 주의해야 할 2가지	126
04-6	체험단 방문 전이라면 준비는 이렇게!	130

상위 1% 블로그의 비밀   우리 집을 스튜디오로 바꾸는 2가지 아이템

— 배경지 & 조명 겸용 거치대   138

05 나만의 경험을 도움되는 정보로! 체험단 후기 작성하기

05-1	인기 있는 글의 비밀! 상위 노출 글 분석법	141
05-2	후기 작성이 쉬워지는 주제별 포인트	146
05-3	체험단 후기, 제출까지 완벽하게!	157
05-4	자주 묻는 질문만 모았다! 블로그 체험단 Q & A	162

상위 1% 블로그의 비밀   (광고) 표시, 이제는 제목에 넣어야

한다고요?   168

06 오래 가는 블로그를 만드는 6가지 방법

06-1 알고리즘과 상위 노출 원리 이해하기   173

06-2 유입을 늘려줄 황금 키워드 모으기   180

06-3 조회 수가 이상하다면? 글 누락 확인하기   185

06-4 추가 유입으로 블로그 확장하기   193

06-5 블로그 확산을 위한 이웃 관리하기   201

06-6 이럴 땐 이렇게! 블로그 관리 질문 사전   207

상위 1% 블로그의 비밀   네이버 큐로 블로그 유입률을 높이자!   210

07 블로그 수익화 방법, 여기에 다 모았다!

07-1 빠르고 쉽게 부수입 만들자! — 애드포스트   213

07-2 좋은 제품 알리고 수익 얻자! — 제휴 마케팅   221

07-3 블로그 글, 내가 대신 쓴다! — 원고 작가   231

07-4 쇼핑몰, 쉽게 만들자! — 블로그 마켓   234

상위 1% 블로그의 비밀   체험단 모집 대행/지식창업에도
도전해 보세요!   243

찾아보기   246

원활한 학습을 위해 진도표를 제공합니다. 블로그를 운영해 봤다면 3일 학습으로 자신에게 필요한 내용만 짚고 넘어가세요! 만약 이번에 블로그를 처음 운영한다면 7일 동안 이 책의 내용을 꼼꼼히 공부해 보는 것을 추천합니다.

✓ 블로그를 운영해 봤다면? — 3일 만에 빠르게 완성!

차시	날짜	학습 목표	범위
1일 차	_____월 _____일	• 블로그 점검하기 • 글 작성 핵심 익히기	1장, 2장, 3장
2일 차	_____월 _____일	• 체험단 찾고 활동하기 • 체험단 후기 작성하기	4장, 5장
3일 차	_____월 _____일	• 블로그 관리하기 • 블로그 수익화하기	6장, 7장

✓ 이번에 블로그를 처음 운영한다면? — 7일이면 체험단 블로그 완성!

차시	날짜	학습 목표	범위
1일 차	_____월 _____일	블로그 시작 전 점검하기	1장
2일 차	_____월 _____일	블로그 기획하기	2장
3일 차	_____월 _____일	글 작성 핵심 익히기	3장
4일 차	_____월 _____일	체험단 찾고 활동하기	4장
5일 차	_____월 _____일	체험단 후기 작성하기	5장
6일 차	_____월 _____일	블로그 관리하기	6장
7일 차	_____월 _____일	블로그 수익화하기	7장

이 책의 독자를 위한 선물 2가지!

하나. 이 책에서 사용하는 기획서 양식 제공!

운영 목표 세우기, 주제 정하기 등 책 곳곳에 직접 써보는 실습 내용이 있습니다. 양식을 파일로 만들어 제공하니 컴퓨터로 작성하거나 인쇄해서 활용해 보세요!

> • 이지스퍼블리싱 홈페이지(easyspub.co.kr) → [자료실] → 책 이름 검색

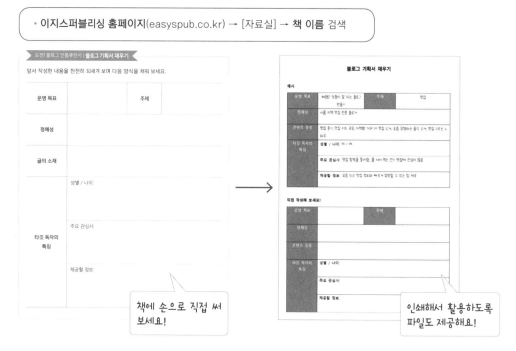

책에 손으로 직접 써 보세요!

인쇄해서 활용하도록 파일도 제공해요!

둘. 저자가 하나하나 모은 체험단 신청 웹사이트 모음집 제공!

체험단 신청 웹사이트, 너무 많아서 어디에 참여해야 할지 모르겠다면? '레뷰' 이외에도 각 주제에 특화된 웹사이트가 많답니다. 모두가 유용하게 활용할 수 있는 체험단 신청 웹사이트 모음집을 제공합니다. 주제별로 편하게 찾아보고, 필요한 웹사이트만 추려서 나만의 모음집도 만들어 보세요.

'Do it! 스터디룸'을 소개합니다!

이 책으로 공부하는 독자들을 'Do it! 스터디룸'에서 만나 보세요. 혼자 시작해도 함께 끝낼 수 있어요. '두잇 공부단'에 참여해 이 책을 완독하고 인증하면 이지스퍼블리싱에서 발간한 책을 선물로 받을 수 있답니다.

- Do it! 스터디룸: cafe.naver.com/doitstudyroom

이지스퍼블리싱 블로그에서 정보를 얻어 가세요!

이지스퍼블리싱 블로그에서 책과 관련된 다양한 이야기를 만나 보세요! 실무에 도움되는 내용은 물론 실생활에 필요한 정보까지 모두 얻어 갈 수 있습니다.

- 이지스퍼블리싱 블로그:
  blog.naver.com/easyspub_it

공식 인스타그램을 팔로우하고 다양한 이벤트에 참여하세요!

이지스퍼블리싱 공식 인스타그램에서 출간 정보와 책 관련 이벤트 소식을 빠르게 확인할 수 있습니다. 다양한 이벤트에 참여하고 선물도 받아 가세요!

- 이지스퍼블리싱 인스타그램:
  instagram.com/easyspub_it

온라인 독자 설문 의견도 보내고 선물도 받고!

오른쪽 QR코드를 스캔하여 이 책에 대한 의견을 보내 주세요. 독자 여러분의 칭찬과 격려는 큰 힘이 됩니다. 더 좋은 책을 만들도록 노력하겠습니다.

의견을 남겨 주신 분께 드리는 혜택 6가지!

❶ 추첨을 통해 소정의 선물 증정   ❷ 이 책의 업데이트 정보 및 개정 안내

❸ 저자가 보내는 새로운 소식   ❹ 출간될 도서의 베타테스트 참여 기회

❺ 출판사 이벤트 소식   ❻ 이지스 소식지 구독 기회

블로그 성장의 동력, 체험단

많은 분들이 블로그를 지금 시작해도 괜찮은지 묻곤 합니다. 그럴 때마다 저는 늘 "당연하죠!"라고 말한답니다! 블로그, 한번 해보고는 싶지만 어떤 내용을 담아야 할지 모르겠다고요? 원하는 주제의 글을 쓰면서 혜택도 받을 수 있는 체험단 참여는 어때요? 13년 동안 마케터로 일한 필자의 경력을 바탕으로 처음부터 끝까지 도와드릴게요! 블로그 운영을 더욱 즐겁고 보람차게 만드는 체험단, 이제 시작해 보세요.

01-1 블로그 시작, 아직 늦지 않았어요!

01-2 생활비를 아끼는 뜻밖의 방법, 체험단

01-3 내 블로그는 체험단에 뽑힐 수 있을까?

상위 1% 블로그의 비밀 | 알아 두면 평생 써먹는 블로그 용어 사전

01-1 블로그 시작, 아직 늦지 않았어요!

#네이버 #블로그 #콘텐츠 #수익

기록이 쌓이면 뭐든 된다!

네이버 블로그팀이 운영하는 공식 블로그에 적혀 있는 문장입니다. 누구나 쓸 수 있는 '글'을 기반으로 한 블로그는 어떤 내용이든 담을 수 있는 흰 도화지 같죠! 도화지에 장난감을 그리면 장난감 그림이, 옷을 그리면 옷 그림이 되는 것처럼 블로그도 내가 원하는 것으로 채워갈 수 있습니다.

새로 산 제품을 리뷰하고, 일기를 쓰고, 맛집 정보를 알리고, 나아가 나만의 온라인 가게를 만들 수도 있죠. 어떤 내용이든 올릴 수 있고, 그 내용을 사람들이 보고 반응할 수도 있다는 점에서 블로그는 자유도가 아주 높은 플랫폼입니다.

네이버 블로그팀 공식 블로그(출처: blog.naver.com/blogpeople)

원하는 것이면 무엇이든 시도해 볼 수 있는 매력 때문에 블로그는 여전히 인기 있는 사회 관계망 서비스(social network service, SNS) 중 하나입니다. 네이버가 제공한 '2023 블로그 데이터'에 따르면, 2023년 한 해 동안 블로그에는 2억 4천만 개의 글이 새로 발행되었고 새로 개설된 블로그 수도 126만 개나 된다고 합니다. 하루에만 65만 개의 글이 올라오는 셈이니 정말 어마어마하죠!

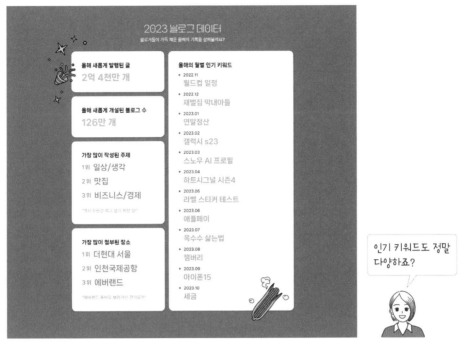

네이버가 제공한 '2023 블로그 데이터' 통계(출처: mkt.naver.com/p1/2023myblogreport)

이렇게 경쟁이 치열한데 새로 시작하기 어렵지 않냐고요? 필자는 '전혀 어렵지 않다'고 자신만만하게 답할 수 있습니다. 신규 블로그가 영향력 있는 블로그와 경쟁하는 것이 아니라, 자신만의 콘텐츠로 주목받을 수 있는 환경이기 때문입니다. 진정성 있는 후기와 정보를 제공하는 블로그를 운영한다면 이웃을 늘리는 건 시간 문제랍니다!

왜 네이버 블로그인가요?

그렇다면 여러 SNS 중에 왜 블로그를 추천하는지 알아봐야겠죠? 필자가 생각하는 블로그의 장점을 정리했습니다.

블로그는 업체와 소비자를 연결합니다

제품을 구매하기 전 블로그를 통해 정보를 탐색하고 후기를 확인한 적 있나요? 사람들은 자신의 경험을 글로 써서 올리고, 다른 사람의 글을 보며 새로운 것에 관심을 갖기도 하죠. 제품을 발견하고 구매로 이어지기까지 블로그의 역할은 점점 더 중요해지고 있습니다.

후기를 참고하는 사람들(출처: @varohaza)

블로그는 대한민국에서 가장 많이 이용하는 플랫폼, 네이버에서 운영합니다

네이버는 검색 엔진으로서 기능뿐 아니라 쇼핑 등 다양한 기능도 운영해 친숙합니다. 구매로 이어지는 기능이 모두 네이버와 연결되어 있어 검색으로 블로그에 유입될 확률도 큽니다.

네이버 메인 화면에 보이는 블로그 아이콘

블로그는 개인의 관심사와 전문성을 보여줄 수 있는 최적의 매체입니다

블로그를 통해 자신의 경험과 지식을 공유하면서 전문가로서의 입지를 다질 수 있습니다. 내 마음대로 콘텐츠를 기획해 나만의 전문성을 발휘한 글을 올린다면 전문가로도 인정받을 수 있는 것이죠.

내 마음대로 기획한 콘텐츠의 전문성을 인정해 주는 '이달의 blog'

블로그는 장기적으로 자신만의 디지털 자산을 구축할 수 있는 기회입니다

꾸준히 양질의 콘텐츠를 생산하고 이를 기반으로 독자층을 확보한 블로그는 지속적인 조회 수와 수익을 창출하는 자산이 됩니다. 블로그를 운영하면서 축적된 데이터와 인사이트는 체험단으로 참여할 때 큰 도움이 됩니다. 또한 나의 전문성을 어필해 다양한 브랜드와의 협업 기회를 얻고 추가 수익을 창출할 수 있습니다.

블로그는 실시간으로 발전 중!

네이버는 지속해서 블로그의 조건을 개선하며 좋은 정보를 제공하는 신규 블로그를 밀어주는 방향으로 발전하고 있습니다. 이는 블로그 생태계를 건강하게 유지하고 양질의 콘텐츠가 더 많은 사람들에게 도달하도록 하기 위해서입니다. 새로운 블로그의 유익한 콘텐츠를 상위에 노출시켜 보다 빠르게 성장할 수 있도록 돕고 있는 것이죠.

여러분은 '블로그 챌린지'에 참여해 본 적 있나요? 블로그 챌린지란 공지한 주제에 맞게 글을 올리면 추첨을 통해 상품을 제공하는 이벤트를 말합니다. 예를 들어 2024년 6월의 '포토덤프 챌린지'는 앨범 속 사진을 첨부해 글을 올리면 되는 것이었죠!

포토덤프 챌린지 안내 화면(출처: event.blog.naver.com/photodump_challenge)

챌린지에 참여한 블로그의 글은 모두 모아 한곳에서 소개되고 최신순으로 정렬할 수도 있어 신규 블로그라도 얼마든지 인기를 모을 수 있습니다.

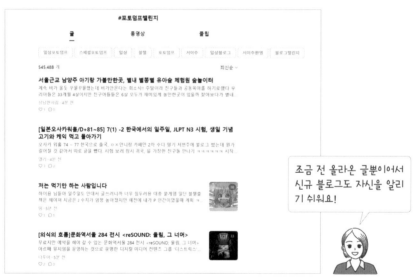
한곳에 모여 나타나는 챌린지 참여 글

조금 전 올라온 글뿐이어서 신규 블로그도 자신을 알리기 쉬워요!

네이버 검색 결과 역시 신규 블로그를 적극적으로 보여줍니다. '검증된 인기 블로그'인 인플루언서 블로그가 일반 블로그보다 아래에 나타나기도 하고, 아예 인플루언서 블로그를 찾아볼 수 없는 검색 결과도 있죠. 인플루언서 여부에 상관없이 좋은 글을 상위에 노출시키므로 신규 블로그라도 걱정할 필요 없답니다.

일반 블로그가 인플루언서 블로그보다 위에 나타나는 검색 결과

여기서 필자는 '특별한 사람이 아니어도 블로그를 운영할 수 있다!'고 느꼈습니다. 이제 사람들은 단순한 광고 글보다 실제 경험을 바탕으로 쓴 진솔한 후기를 원하는데, 마침 기획하고 있던 것도 '자신만의 목소리와 시각을 반영한 후기를 쓰는 블로그'였기 때문입니다.

신규 블로그의 성장은 곧 블로그 생태계 전체의 발전으로 이어져 블로그라는 플랫폼을 계속해서 키우게 되니, 네이버 입장에서도 마다할 이유가 없습니다.

일단 시작은 '체험단'과 함께해 보세요!

갓 개설한 블로그에 어떤 내용을 적어야 할지 모르겠다고요? 필자는 처음 블로그를 시작한 분들에게 체험단에 도전해 볼 것을 적극 추천하고 있습니다. 체험단으로 다양한 제품/서비스를 경험하면서 흥미로운 콘텐츠를 만들 수 있거든요. 지금부터 체험단 참여의 기회를 최대한 활용하고 블로그 운영을 통해 더욱 풍성한 경험을 쌓아 보세요. 여러분의 블로그가 성장하고 더 많은 기회를 얻게 될 거예요.

뒤늦게 블로그를 시작했지만 누구보다 즐겁고 활발하게 활동하는 2명의 이야기를 들으며 블로그 시작의 의지를 다져 보세요!

인터뷰 ① **모찌웅_ 모터사이클 전문 블로그 '모찌웅 라이프'**

Q 왜 이 주제로 블로그를 운영하게 되었나요?

A 처음엔 제가 타고 있는 모터사이클 브랜드에 대한 애정과 라이프스타일을 가볍게 공유하고자 블로그를 시작하게 되었는데요. 요즘은 이 주제뿐 아니라 운동, 독서, 여행 등의 일상도 다채롭게 엮어 공유하며 이웃과 소통하고 새로운 시도를 실천하고 다짐하는 공간으로 활용하고 있답니다.

Q 블로그 활동의 가장 큰 즐거움은 무엇인가요?

A 모터사이클 관련 정보를 구할 때 상단에 나타난 제 블로그 글을 보고 도 움이 되었다는 연락을 받았을 때 굉장히 뿌듯합니다. 그만큼 제가 쓴 글이 많은 사람에게 노출되어 영향을 미치고 있다는 사실이 신기하기도 하고 동기부여가 되어 즐겁습니다. 특히 아직 많이 부족하지만 블로그를 하면서 글 솜씨가 조금씩 늘어가는 즐거움을 느끼는 것 같습니다. 이웃과 소통하며 함께 성장하는 즐거움이 블로그의 가장 큰 매력이 아닐까 싶네요!

인터뷰 ② **겸디_ 맛집, 일상 블로그 '겸디 보물상자'**

Q 왜 이 주제로 블로그를 운영하게 되었나요?

A 처음에는 일상의 추억을 흘려보내기 아까워서 기록도 하고 또 취미도 즐길 겸 시작했어요! 그래서 초반엔 취미생활, 맛집, 운동, 독서 등등 다양한 주제를 올렸답니다. 그러다가 체험단이라는 것을 알게 되면서 맛집 체험단을 자주 다니게 되었는데, 자연스럽게 맛집 주제가 메인이 되더라고요!

Q 블로그 활동의 가장 큰 즐거움은 무엇인가요?

A 저는 블로그를 통해 제 이야기를 풀어내는 것 자체에서 굉장히 즐거움을 느끼고 있어요! 뭔가 내 이야기를 듣고 공감해 주는 누군가가 있는 것 같고 다른 블로거들과 소통하는 것도 재밌고요. 체험단을 통해서 생활비도 아끼고 맛집이나 제품, 공연 등 다양한 체험을 할 수 있다는 것도 엄청 큰 메리트인 것 같아요!

01-2 생활비를 아끼는 뜻밖의 방법, 체험단

#체험단 #체험단참여 #애드포스트 #지출방어

원하는 취미를 즐기면서 생활비도 아끼고 싶나요? 좋은 제품을 홍보하는 일에는 누구보다 자신 있나요? 만약 그런 사람이라면 체험단에 참여해 보세요. **체험단은 기업이나 브랜드에서 제품/서비스를 제공받아 체험 후기를 작성하고 블로그, SNS, 커뮤니티 등을 통해 공유하는 활동입니다.** 물론 비용은 무료이거나 직접 사는 것보다 훨씬 저렴하죠!

체험단을 적극 추천하는 3가지 이유

체험단에 참여하면 제품/서비스를 마음껏 사용해 보면서 자신의 블로그도 알릴 수 있습니다. 필자가 체험단을 추천하는 이유는 크게 3가지입니다.

1. 지출을 줄일 수 있습니다

돈을 모아야 할 때는 많이 버는 것도 좋지만 소비를 줄이기 위해 노력할 필요도 있죠. 체험단에 참여하면 다양한 취미를 가지고 있어도 실제 지출하는 돈을 절약할 수 있습니다. 필자는 체험단에 참여하면서 미용실, 네일아트, 화장품 등 꾸밈비를 지출하지 않은 지 꽤 되었습니다. 한 번에 10만 원이 훌쩍 넘어가는 고가의 관리도 월 2~3회 꾸준히 받고 있지만, 그에 따른 비용은 전혀 지출하지 않고 있습니다. 체험단 하면 맛집만 생각하기 쉬운데, 그보다 다양한 것들을 체험단 참여로 해볼 수 있답니다.

현재 모집 중인 다양한 체험단(출처: 레뷰)

2. 체험단 참여와 애드포스트 광고를 동시에 진행할 수 있습니다

애드포스트 광고는 미디어에 광고를 게재하고 광고에서 발생한 수익을 배분받는 서비스로, 네이버의 공식 광고 프로그램입니다. 광고주는 영향력 있는 블로그의 글에 광고를 노출해 홍보 효과를 얻을 수 있고, 블로거는 클릭당 수익을 얻을 수 있습니다. 필자는 사람이 모이면서 한 달에 3~5만 원 정도 지급받고 있어요. 물론 큰 금액은 아니지만, 관리비나 간식 비용으로 사용하기에 적지 않은 금액이랍니다.

애드포스트 가입 방법 등의 내용은 07장에서 자세히 다룹니다.

애드포스트 수익 확인 화면(출처: 네이버 비즈니스스쿨)

3. 다양하게 경험할 기회가 찾아옵니다

필자는 체험단을 통해 가고 싶은 공간에 초대받거나 공연을 보고 고급 레스토랑도 방문하는 등 다양한 경험을 하고 있습니다. 체험단에 참여하게 되면 하고 싶은 것을 마음껏 체험하면서 블로그를 운영할 수 있답니다. 다양하게 활동하다 보면 자신의 블로그 규모도 키울 수 있어 일석이조입니다.

필자가 참여했던 체험단 사진

내 일상을 풍족하게 만드는 것 이외에도, 체험단은 제품/서비스를 체험한 후기를 솔직하게 작성해 소비자에게 믿을 만한 정보를 제공한다는 점에서 중요합니다. 그리고 이를 통해 제품 또는 서비스에 대한 정보를 투명하게 전달하고 소비자가 더 나은 구매 결정을 내리도록 도움을 줍니다.

원래 카페 블레스롤이 롤케이크맛집이라고 한다. 그만큼 귀여운 아이디어가 돋보이는 예쁜 롤케이크들이 많이 보였음. 사이즈는 게트의 롤케이크보다는 약간 작지만 두 명이 다 먹기에는 무리라서 아쉽지만 다음 기회에 도전해 보는 것으로. 팀 단위 생일파티 번 파리바게트나 뚜레쥬르 케이크를 사오곤 했었는데. 좀 더 특별한 하루를 위해서는 마곡 카페 블레스롤의 케이크를 주문해 보는 듯 하다. 어차피 회사 바로 앞이니까. 3월 생일파티에 도조온?

체험 후기를 솔직하게 작성해 사람들에게 전해요!

필자가 솔직하게 작성한 후기

01-3 내 블로그는 체험단에 뽑힐 수 있을까?

(#블로그점검) (#내블로그상태) (#체크리스트)

대부분의 업체에서는 제품 홍보를 위해 블로그 체험단을 이용합니다. 홍보 효과를 높이려면 사람들이 많이 방문하는 '대형 블로그'를 섭외하는 게 가장 좋죠. 그런데 그런 블로그뿐만 아니라 조회 수가 높지 않은 '일반 블로그'도 체험단 블로그로 선정할 때가 많습니다. 블로그가 잘 꾸려져 있어 유입을 기대할 만하기 때문입니다. 잘 정돈된 일반 블로그의 특징을 살펴보면 앞으로 어떤 블로그를 만들어야 할지 감을 잡을 수 있습니다.

체험단 백발백중! 잘 만든 일반 블로그의 특징

잘 정돈된 블로그는 어떤 특징을 가지고 있을까요? 마케터의 입장에서 체험단으로 선정하고 싶은 블로그의 특징은 다음과 같습니다.

첫째, 좋은 콘텐츠가 있는 블로그

업체는 제품에 대한 진정성 있는 후기와 상세한 사용 후기를 원합니다. 높은 품질의 사진과 동영상, 그리고 제품의 장단점을 솔직하게 표현하는 글이 있다면 높은 평가를 받겠죠!

후기가 자세하네요! 이 블로그는 믿고 맡겨도 되겠어요.

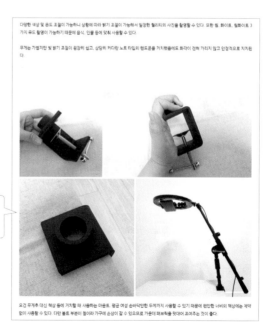

꼼꼼하게 작성한 사용 후기

둘째, 활발하게 활동하는 블로그

꾸준히 글을 발행하고 활동이 많은 블로그는 체험단에 선정될 확률이 높습니다. 특히 댓글 기능으로 형식적인 인사만 나누지 않고, 실제 기업의 고객이 될 이웃과 소통하는 블로그는 더욱 좋은 평가를 받을 수 있습니다.

글 목록에서 볼 수 있는 작성일과 댓글 수

셋째, 이웃이 신뢰하는 블로그

이웃이 믿고 찾아오는 블로그라면 업체의 제품을 효과적으로 홍보할 수 있는 채널로 인식됩니다. 블로그를 검색해서 찾아오는 사람이 많지 않더라도 이웃이 우연히 유입되어 업체의 제품을 볼 기회가 생길 것이라고 기대하는 것이죠.

위젯에서 볼 수 있는 이웃 수

넷째, 지원한 주제에 전문성을 갖추고 있는 블로그

주제에 관련한 글로 전문성을 보여준다면 체험단으로 선정해 의견을 묻고 싶은 블로그로 보입니다. 기업 담당자들이 블로그에 방문하는 PC 환경에서 블로그가 주로 작성하는 후기의 종류와 느낌을 한번에 파악할 수 있다면 더욱 좋습니다.

하나의 주제로 작성한 여러 개의 글

다섯째, 기존 후기에 일관성이 있는 블로그

이전에 작성한 글이 업체가 판매하고자 하는 제품과 연관되거나 크게 벗어나지 않는 주제이고, 후기가 체계적이고 일관성 있게 작성되어 있다면 업체는 그 블로그를 신뢰할 수 있다고 판단합니다.

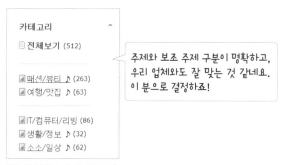

한눈에 들어오게 정리한 주제

이대로만 해 보세요! 실패 없는 블로그 점검 방법

그렇다면 내 블로그는 어떤 상황인지 함께 살펴봐야겠죠? 아직 블로그에 한 번도 접속해 본 적 없더라도 걱정하지 마세요. 이 책의 내용을 꼼꼼히 살펴보면 충분히 따라갈 수 있어요! 만약 블로그를 해본 사람이라면 부족한 부분을 중심으로 블로그를 꾸려 나가도 좋습니다. 다음 상황별 체크리스트로 블로그를 점검해 보세요.

블로그는 처음인가요? 아니면 운영 중인 블로그가 있나요? 상황에 맞게 체크리스트를 준비했습니다. 하나라도 부족한 것이 있다면 이 책의 내용을 꼼꼼히 읽으며 블로그를 튼튼히 키워 보세요!

질문에 바로 대답하지 못했나요? 이어질 2~7장의 내용을 꼼꼼히 읽어 보세요!

• 블로그는 처음이에요!

주제 정리	내 블로그의 주제가 확실하게 있는가? ▶ 33쪽을 참고하세요.	☐
정체성	프롤로그, 블로그 메인 화면에서 보여줄 자신의 정체성을 정했는가? ▶ 39쪽을 참고하세요.	☐
블로그 콘셉트	체험단에 어울리게 블로그를 구성하는 법을 아는가? ▶ 105쪽을 참고하세요.	☐
이웃의 수	이웃/서로이웃 추가 방법을 아는가? ▶ 201쪽을 참고하세요.	☐

• 이미 운영 중인 블로그가 있어요!

리뷰의 일관성	한두 가지 주제 안에서 연관된 제품의 후기를 꾸준히 작성하고 있는가? ▶ 105쪽을 참고하세요.	☐
주제 정리	내 블로그의 주제를 확실하게 정리했는가? ▶ 33쪽을 참고하세요.	☐
블로그 콘셉트	블로그 첫 화면에서 내 블로그의 주제와 관련된 콘텐츠만 보이는가? ▶ 39쪽을 참고하세요.	☐
콘텐츠 품질	제품의 장점이 충분히 드러나는 고화질 사진, 영상을 넣은 글을 작성하고 있는가? ▶ 93쪽을 참고하세요.	☐
블로그 활동성	각 글에 댓글과 공감을 통해 충분하게 소통을 하고 있는가? ▶ 175쪽을 참고하세요.	☐
이웃의 수	블로거와 소통하는 이웃의 수가 세 자릿수 이상인가? ▶ 201쪽을 참고하세요.	☐

알아 두면 평생 써먹는 블로그 용어 사전

블로그를 운영하다 보면 익숙하지 않은 단어들로 혼란스러울 때가 있죠? 이 책과 블로그에서 자주 사용하는 용어를 정리했습니다. 기억해 두고 필요할 때마다 찾아보세요!

용어	설명
블로거	블로그를 운영하는 사람
블로그 지수	블로그 자체의 등급을 수치화한 것으로, 이 블로그를 얼마나 신뢰할 수 있는지를 나타냄
블로그 상위 노출	네이버에서 검색했을 때 자신이 작성한 글이 우선순위로 노출되는 것
최적화 블로그	키워드를 검색했을 때 상위에 노출되는 글이 많은 블로그
키워드	네이버에서 원하는 정보를 찾기 위해 검색하는 단어
황금 키워드	조회 수는 많지만 발행량이 적고 자신의 블로그 주제와 일치하는 키워드
섬네일	글에서 사용한 대표 사진. 검색 결과에서 눈에 띄기 때문에 매우 중요함
트래픽	방문하는 사람이 많으면 트래픽이 높은 블로그라고 함
체류 시간	자신의 글을 보려고 방문한 사람들이 머무는 시간. 체류 시간이 길면 좋은 점수를 받아 블로그 지수가 상승함
품앗이	블로그에 공감과 댓글을 서로 달아주는 것
1일 1포스팅	글 발행(포스팅)을 하루에 한 개씩 하는 것. '1일 1포' 라고도 함

용어	설명
포스팅	자신의 블로그에 글을 발행하는 것
뷰스타	네이버에서 2016년부터 2023년까지 선정했던 인기 뷰티 블로그
인플루언서	네이버에서 일정 조건을 충족하면 될 수 있는 인기 블로그
일방	'블로그 일일 방문자 수'의 줄임말
천블/만블	'블로그 일일 평균 방문자 수'의 줄임말. 천블은 하루 1천 명, 만블은 하루 1만 명이 방문하는 블로그를 의미함
이웃	자신을 팔로우하는 다른 블로거를 의미함. 내가 작성한 글이 나를 이웃으로 추가한 사람의 블로그 탭에 노출됨
서로이웃	다른 블로거와 서로 친구가 되는 것을 의미함. 상대방이 작성한 글을 자신의 블로그 탭에서 확인할 수 있음
서이추	상대방을 서로이웃으로 추가하는 행동을 의미함. 새로운 글을 작성하면 상대방의 피드에 노출되어 소식을 빠르게 전하고 소통할 수 있음
피드	최신 게시물을 한 곳에서 볼 수 있도록 모아 둔 시스템
스댓공	스크랩, 댓글, 공감의 첫 글자를 따서 조합한 줄임말. 다른 사람의 글을 자신의 블로그로 퍼가고(스크랩), 댓글을 달고(댓글), 하트를 누르는 행동(공감)을 의미함
저품질	검색 결과에서 블로그 글이 상위 노출되지 않는 것
글 누락	검색 결과에서 블로그 글이 전혀 노출되지 않는 것
애드포스트	네이버에서 블로거에게 제공하는 보상 서비스. 글에 광고가 자동으로 달리며, 방문자가 광고를 클릭하면 수입 가운데 일부를 정산받을 수 있음

블로그 세팅은 기획부터!

블로그, 어떻게 시작해야 할지 막막한가요? 원하는 체험단에 참여하면서, 필요한 정보를 알려 주며 사람들에게 도움이 되는 블로그를 기획해 보세요. 체험단 당첨 확률도, 방문자 수도 모두 잡을 수 있는 블로그 세팅 방법을 알아봅시다!

1단계	2단계	3단계
운영 목표/주제 정하기	정체성 정하기	타깃 독자 정하기

BLOG

02-1 나를 보여 주는 운영 목표/주제 정하기

02-2 내 블로거는 모두 '전문가' 다! 정체성 정하기

02-3 내 블로그의 팬, 타깃 독자 정하기

02-4 기본 기능으로 완성하는 블로그 설정

상위 1% 블로그의 비밀 | 주제별 수익 창출 방법

02-1 나를 보여 주는 운영 목표/주제 정하기

(# 블로그기획)　(#운영목표)　(#주제)　(#데이터분석)

| 1단계
운영 목표/주제 정하기 | 2단계
정체성 정하기 | 3단계
타깃 독자 정하기 |

난생처음 블로그를 운영해 보기로 마음먹었다면 어디에서부터 시작해야 할까요? 가장 먼저 **내가 왜 블로그를 운영하려고 하는지** 정해야 합니다. '체험단 당첨이 잘 되는 블로그 만들기'와 같은 목표도 좋고, '내 일상 보여주기'처럼 평범한 목표로 시작해도 괜찮습니다. 수많은 블로거 사이에서 눈에 띄려면 일단 '나'라는 사람을 확고하게 보여주는 것이 중요하기 때문입니다.

목표를 정한 다음에는 **목표를 이루기 위해 자신이 할 이야기의 주제도 함께 정해** 보세요.

'내 블로그'라는 배는 어디로 향해야 할까?

블로그를 운영하기로 마음먹은 계기는 무엇인가요? 어떤 목표를 가지고 블로그를 시작하려고 하나요? 블로그 운영 목표를 명확하게 정해야 오랫동안 지치지 않고 글을 작성할 수 있습니다. 물론 처음부터 목표를 명확하게 정하는 것은 어렵습니다. 그리고 다양한 계기로 운영의 목표가 바뀔 수도 있습니다. 하지만 이제부터는 목표를 명확히 정해야 합니다.

오프라인에서 매장을 열기로 했다고 가정해 봅시다. 상권 분석, 메뉴 개발, 마케팅과 목표 매출을 정해야 하는데, 이 중 어느 하나라도 부족하면 일정이 밀려 오픈이 늦어질 것입니다. 반대로 이 사항들이 빠르게 결정되면 매장을 빨리 열 수 있겠죠.

블로그도 마찬가지입니다. 목표가 없으면 추진력을 얻을 수 없으므로 가능한 빨리 목표를 설정해야 합니다. 가장 눈에 띄는 방문자 수가 목표라면 처음부터 1만 명이 아니라 100명에서 1,000명으로 차근차근 키워 보고, 엄청난 수익을 내는 것이 목표라면 만족할 수 있는 수익이 나올 때까지 목표를 작게 쪼개 진행해 보세요. 작은 목표부터 달성해 가면서 다음을 바라보면 빠르게 성장할 수 있습니다.

> **도전! 블로그 인플루언서 | 블로그 운영 목표 세우기**
>
> 어떤 이유로 블로그를 시작하나요? 미래의 내 블로그는 어떤 모습일까요? 먼저 간단하게 작성해 보세요. 아직 분명한 목표가 없다면 우선 이 책에서 설명하는 내용을 목표로 삼아 보세요.
>
> | 계기 | 작은 목표 | 최종 목표 |
> | --- | --- | --- |
> | 체험단에 참여해 보고 싶어서 | 블로그 이웃 100명 만들기 | 체험단 당첨이 잘 되는 블로그 만들기 |
> | | | |

내 블로그, 어떤 내용을 다룰지는 데이터로 확인하자!

이제 운영 목표를 정했으니, 다음으로 주제를 정해봐야겠죠? 블로그를 처음 기획할 때는 어떤 주제와 내용을 다루어야 할지 막막합니다. 이때 네이버에서 제공하는 통계를 참고하면 주제를 정하기 쉬운데요. 조회 수가 높은 주제, 오랫동안 소비되는 주제, 각 주제에 반응하는 성별과 나이대처럼 자세한 정보를 알려 주는 **블로그 평균 데이터 그래프**를 함께 살펴보겠습니다.

📝 블로그에 접속해 본 적이 있다면 [관리 → 내 블로그 통계 → 블로그 평균 데이터]에서 직접 살펴볼 수 있어요.

다음 그래프를 보면 2024년 7월 기준으로 전체 조회 수의 중간값을 확인할 수 있습니다. 중간값을 넘어가는 주제는 '패션·미용', '방송'이죠? 만일 많은 사람의 유입을 기대하고 싶다면 이렇게 평균 조회 수가 높은 주제로 블로그를 운영하면 됩니다.

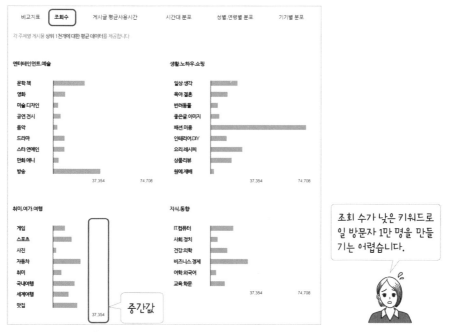

블로그 평균 데이터의 '조회수' 그래프

사람들이 오랫동안 머무는 주제를 확인할 수 있는 그래프도 살펴봅시다. 여기서 '평균 사용 시간이 길다'는 것은 1개 이상의 글을 연달아 소비한다는 뜻입니다. 내가 원하는 주제의 평균 사용 시간이 긴 편에 속한다면 시리즈 형태의 콘텐츠를 기획해 보세요.

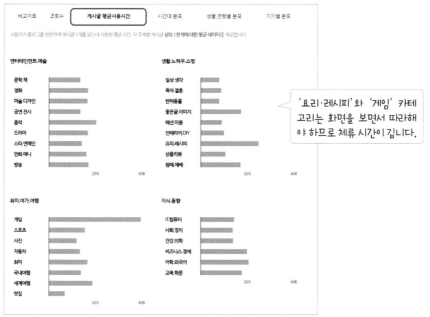

블로그 평균 데이터의 '게시글 평균사용시간' 그래프

주제마다 관심을 갖는 성별과 연령대가 궁금하다고요? 다음 그래프를 보세요. 여러분이 운영하고 싶은 주제의 성별, 연령별 분포를 참고하면 주제를 정할 때 편리합니다.

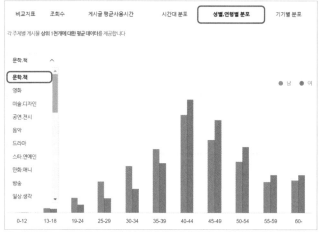

운영하고 싶은 주제에 관심을 갖는 성별, 연령별 분포를 확인하세요.

블로그 평균 데이터의 '성별, 연령별 분포' 그래프

내가 좋아하는 주제를 선택해야 글쓰기도 쉽다!

주제를 정할 때 '꾸준히 글을 쓸 수 있는가'도 염두에 두어야 합니다. 큰 주제를 정한 뒤 머릿속에 떠오르는 글 제목을 10개 정도 빠르게 적어 보세요. 바로 떠오르지 않는다면 그 주제는 곧 소재 고갈로 글을 쓰기 어려울 수 있습니다.

각 주제별 매출로 연결하는 방법은 이번 장의 [상위 1% 블로그의 비밀]에서 확인하세요.

앞서 말했듯이 영향력 있는 블로그가 되려면 '꾸준한 글쓰기'가 필요합니다. 당장 돈이 되는 주제만 생각하면서 힘들어하지 마세요. 내가 좋아하는 주제를 먼저 선택한 후 꾸준히 글을 쓰며 블로그를 운영하고, 어떻게 이 주제로 수익을 얻을 수 있을지는 나중에 고민하는 것을 추천합니다.

네이버 블로그에서 보이는 대주제

주제 설정

주제를 선택하면 내블로그와 블로그 홈에서 주제별로 글을 볼 수 있습니다.
주제를 선택하지 않아도 '블로그 홈 > 주제별 글보기 > 전체'에서 볼 수 있습니다.

엔터테인먼트·예술	생활·노하우·쇼핑	취미·여가·여행	지식·동향
문학·책	일상·생각	게임	IT·컴퓨터
영화	육아·결혼	스포츠	사회·정치
미술·디자인	반려동물	사진	건강·의학
공연·전시	좋은글·이미지	자동차	비즈니스·경제
음악	● 패션·미용	취미	어학·외국어
드라마	인테리어·DIY	국내여행	교육·학문
스타·연예인	요리·레시피	세계여행	
만화·애니	상품리뷰	맛집	
방송	원예·재배		

내 전문성이 돋보이는 주제로 글을 꾸준히 작성해야 해요.

블로그에서 제공하는 주제의 종류. 대주제 4개로 분류되며, 세부 주제를 설정할 수 있습니다.

주제를 정할 때 이것만 주의하세요!

블로그를 시작할 때 가장 먼저 정하는 것이 운영 목표와 주제인 만큼, 주제를 정할 때는 신중해야 합니다. 주의해야 할 2가지를 알아봅시다!

1. 주제는 되도록 바꾸지 않기

처음에는 다양한 주제를 다루면서 글을 쉽게 작성할 수 있는 주제를 고르는 데 시간을 들이는 것도 좋습니다. 하지만 주제를 한번 정하고 나면 바꾸지 마세요. 물론 블로그 주제는 언제든 바꿀 수 있지만, 바꾸게 되면 그동안의 주제에 누적된 블로그 지수는 다시 0으로 돌아갑니다.

📝 이 책의 03장에서 30일 연습을 해보기 전까지는 주제를 바꿔도 괜찮아요! 그 이후로는 정했던 주제로만 블로그를 운영해 보세요.

2. 너무 많은 주제 선택하지 않기

블로그 주제가 많으면 많을수록 검색에 잘 걸릴 것이고, 그렇다면 당연히 더 좋은 것이라고 생각하기 쉽습니다. 하지만 과연 그럴까요? 주제가 여러 개이면 다른 사람이 볼 때 그다지 전문성을 기대할 수 없는 블로그로 보입니다. 그래서 일회성 소비로 끝나게 되는 것이죠.

매일 찾아가는 맛집, 주말마다 다녀오는 여행, 매일 사용하는 화장품 등 작성하고 싶은 주제가 많더라도 내 블로그의 주제는 너무 많이 선택하지 마세요. 주제 선택에 어려움을 겪는다면 초반에는 [생활·노하우·쇼핑]의 '일상/생각'을 고르세요. 이 주제는 다양한 내용에 잘 어울리므로 블로그를 시작하는 초보자에게 유용합니다.

도전! 블로그 인플루언서 | **블로그 주제 정하기**

앞서 살펴본 내용을 바탕으로 블로그의 주제를 정해 보세요.

주제	선정 이유
맛집	나만 아는 맛집을 소개하고 싶어서

02-2 블로거는 모두 '전문가'다! 정체성 정하기

#정체성 #톤앤매너 #전문가 #경험

1단계 운영 목표/주제 정하기	2단계 정체성 정하기	3단계 타깃 독자 정하기

체험단 선정이 잘 되기 위해서는 블로그에 정체성이 있어야 합니다. 나의 정체성이 명확해야 사람들이 오랫동안 콘텐츠를 봐 주기 때문입니다. 그래서 이번 절에서는 블로그 기획의 2단계인 정체성을 정해 보겠습니다. 실제로 블로그로 성공한 사람을 보면 모두 자신만의 정체성을 갖추고 있답니다.

어떤 분야에서 전문가가 되고 싶나요?

정체성을 찾는 것은 나를 설명하는 몇 개의 단어를 조합하는 과정입니다. 다음 예시는 필자가 블로그를 시작하기 전 관심 있던 키워드를 조합해 본 것입니다. 예시를 참고해 나의 정체성을 정해 보세요.

정체성 예시			
여드름 피부 전문 뷰티 블로거	대형견 훈련사	뉴욕에서 일하는 디자이너	염색 전문 미용사
30kg 감량에 성공한 다이어터	전 세계 우표 수집 전문 블로거	화장품 연구원	키토 식단을 연구하는 요리사

도전! 블로그 인플루언서 | 관심사를 바탕으로 정체성 정하기

위의 예시를 바탕으로 나의 정체성을 적어 보세요.

직업		관심사	
정체성			

블로그 정체성을 정했다면 다음으로 자신이 쓸 수 있는 글의 소재를 적어 보세요. 여러 가지가 생각날수록 자신과 잘 맞는 정체성입니다.

정체성	글의 소재 예시
염색 전문 미용사	염색 제품 후기, 염색모 관리법, 염색 주기, 염색 머리 후속관리, 요즘 유행하는 컬러 트렌드 등
콘텐츠 마케팅 전문가	요즘 MZ 세대 유행어, 콘텐츠 템플릿, SNS 광고하는 방법, 콘텐츠 시장 조사법 등
강아지 훈련사	견종별 특징, 강아지 훈련 방법, 강아지 용품 후기 등

도전! 블로그 인플루언서 | **정체성을 바탕으로 글의 소재 적어보기**

위의 예시를 바탕으로 생각나는 글의 소재를 적어 보세요.

정체성	글의 소재

블로그의 정체성이 명확해지면 글의 소재를 찾기 쉬워지고, 정해진 키워드 안에서 고민하면 되므로 시간도 적게 듭니다. 소재가 비슷한 글은 사진, 단어, 구성 등이 익숙해서 술술 써지므로 체험단 리뷰를 작성할 때도 한결 편안합니다.

사람들은 블로그에서 정체성이 느껴지면 더 많은 콘텐츠를 소비합니다. 앞서 정한 정체성을 잘 보여주려면 어떻게 해야 할까요? 2가지 방법을 소개합니다.

방법 1. 시간 경과를 보여주는 블로그 운영하기

만약 자신의 정체성이 '30kg 감량에 성공한 다이어터'라면 다이어트 과정을 글의 소재로 삼아 보여줄 수 있겠죠? 시간 경과에 따른 글은 그 주제로 블로그를 얼마나 운영했는지 바로 눈에 들어오므로 사람들에게 믿음을 줍니다. 또한 한번 검색해서 들어온 사람들이 이어서 찾아보기 편하므로 체류 시간 등 블로그 상위 노출에 도움이 되는 요소를 충족할 수 있습니다.

글 카풀
계단 오르기 다이어트 75일차 ┃-8kg (9)
계단 오르기 다이어트 72-74일차 ┃-8kg (15)
계단 오르기 다이어트 70-71일차 ┃-7.4kg (10)
계단 오르기 다이어트 67-69일차 ┃-8.3kg (15)
계단 오르기 다이어트 66일차 ┃-7.7kg (14)

시간 경과에 따른 글 예시(@olli__)

방법 2. 하나의 정체성을 보여주는 블로그 운영하기

블로그를 운영하다 보면 여러 정체성으로 나를 소개하고 싶을 수 있습니다. 하지만 특히 자신 있는 정체성이 있다면 그 하나만으로 블로그를 운영하는 것을 추천합니다. 좁은 영역에 특화해서 자신의 주관을 더한 후기를 작성하면 읽는 사람에게 신뢰를 줍니다. 또한 해당 영역에 궁금증이 생긴 사람이 다른 콘텐츠를 연달아 소비할 수 있어 블로그에도 도움이 됩니다. 마찬가지로 브랜드 블로그를 운영할 때도 명확한 정체성으로 톤&매너를 유지하고 콘텐츠의 완성도를 높이는 것이 좋습니다.

영화 리뷰 전문 블로그(@moviemew) 후기

화장품 리뷰 전문 블로그(@madongeee) 후기

02-3 내 블로그의 팬, 타깃 독자 정하기

#타깃독자 #블로그기획서

1단계	2단계	3단계
운영 목표/주제 정하기	정체성 정하기	타깃 독자 정하기

블로그 기획의 마지막 3단계입니다. 블로그 운영 목표와 주제도 설정했고 정체성도 정했다면, 이제 내 블로그가 어떤 사람들에게 영향력을 미칠지 정해야 합니다. 글을 읽고 반응해 줄 가상의 타깃 독자를 상상해 보겠습니다.

내 블로그의 타깃 독자를 상상해 보세요

블로그를 운영할 때는 나의 콘텐츠를 소비해 줄 고객을 상상해서 가상의 타깃 독자를 정립하면 도움이 됩니다. 물론 성별, 나이대를 특정하긴 어렵겠지만 그들의 관심사를 파악할 수는 있습니다. 키워드를 검색해서 내 블로그에 들어오는 사람이 원하는 콘텐츠를 더 많이 보게 만들고, 댓글과 공감 같은 행동을 취하도록 만드는 방법을 고민해 보세요. 사람들이 어떤 부분을 궁금해할지 생각한다면 좋은 콘텐츠를 만들 수 있습니다.

블로그를 잘 운영하려면 내 블로그가 제공하고자 하는 정보를 명확하게 정리해야 합니다. 누적된 블로그 지수가 높을수록 작성한 글이 검색 결과에서 상위에 잘 노출되기 때문입니다.

도전! 블로그 인플루언서 | 타깃 독자의 특징 정리하기

예시를 참고해 내 타깃 독자의 특징을 정리해 보세요.

성별 / 나이	주요 관심사	제공할 정보
여성 / 33	자산 관리와 업무 역량 향상에 관심이 많음	재테크 정보와 업무에 도움이 되는 자료 제공

내 블로그에 방문할 사람들의 특징을 모아 타깃 독자로 만들어 보면 자신의 블로그에서 어떤 사람을 위한 글을 쓸지 구체적으로 상상할 수 있으므로 블로그를 운영하는 데 도움이 됩니다.

알아 두면 좋아요! | 타깃 독자를 정리하는 양식이 필요하다면?

타깃 독자를 조금 더 자세하게 정리해 보고 싶나요? 다음 웹사이트에서 양식을 골라 사용하면 더 많은 정보를 정리할 수 있습니다. 엑스텐시오(xtensio.com)에 접속해 보세요.

엑스텐시오에서 활용할 수 있는 타깃 독자 템플릿

지금까지의 내용을 블로그 기획서로 정리해 보세요

이제 어떻게 블로그를 운영해야 할지 감이 잡히나요? 앞서 작성했던 내용을 하나로 정리해 자신만의 '블로그 기획서'를 만들어 보겠습니다. 이 단계를 잘 다져두면 다음 이어질 '블로그 기본 설정'도 쉽게 해낼 수 있을 거예요!

도전! 블로그 인플루언서 | **블로그 기획서 채우기**

앞서 작성한 내용을 천천히 되새겨 보며 다음 양식을 채워 보세요.

운영 목표		주제	
정체성			
글의 소재			
타깃 독자의 특징	성별 / 나이:		
	주요 관심사:		
	제공할 정보:		

02-4 기본 기능으로 완성하는 블로그 설정

#기본정보 #카테고리 #위젯 #채널유입링크 #프롤로그 #미리캔버스

블로그의 방향이 잡혔다면 이제 본격적으로 블로그를 만들어 볼게요! 여러분은 오늘 방문한 블로그의 디자인을 기억하나요? 아마도 자신이 검색한 정보만 기억에 남을 것입니다. 사실 블로그의 디자인은 그리 중요하지 않답니다. 처음 블로그를 시작할 때는 네이버에서 제공하는 기능 몇 가지만 설정해 두는 것만으로 충분합니다.

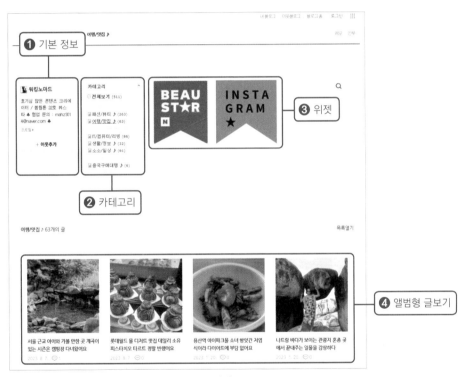

네이버에서 제공하는 레이아웃만으로 완성한 블로그 화면

❶ **기본 정보**: 나를 소개하는 간단한 글을 적을 수 있습니다.
❷ **카테고리**: 자신이 작성할 주제를 작게 분류해 카테고리로 만들 수 있습니다.
❸ **위젯**: 자신의 SNS로 연결되는 버튼을 만들 수 있습니다.
❹ **앨범형 글보기**: 섬네일이 노출되어 한눈에 내 글을 보여줄 수 있습니다.

블로그를 처음 만들었다면 작성해 둔 글이 없어 제대로 설정했더라도 나타나지 않을 수 있는데요. 이후 03장에서 바로 글을 채워 볼 테니 걱정하지 마세요. 그럼 각 구성 요소가 어떤 역할을 하는지도 간단히 알아봤으니, 이제 앞서 살펴본 화면대로 자신의 블로그를 설정해 보겠습니다. 어렵지 않으니 천천히 따라오세요!

블로그의 매력은 여기서 결정된다! — 기본 정보

기본 정보는 내 블로그의 첫인상과 같습니다. 나의 전문성과 관심사를 한눈에 보여줄 수 있으므로 어떻게 구성할지 고민해야 합니다. 앞서 설명한 블로그의 운영 목표와 주제, 정체성, 타깃 독자가 잘 담긴 기본 정보를 작성하면 더욱 좋습니다.

하면 된다! ╠ 블로그 기본 정보 수정하기

01 네이버에 회원 가입을 하면 블로그가 자동으로 생성됩니다. ❶ 네이버에 로그인한 후 네이버 메인 화면에서 [블로그]를 선택합니다. ❷ [내 블로그]를 클릭해 자신의 블로그에 들어갑니다.

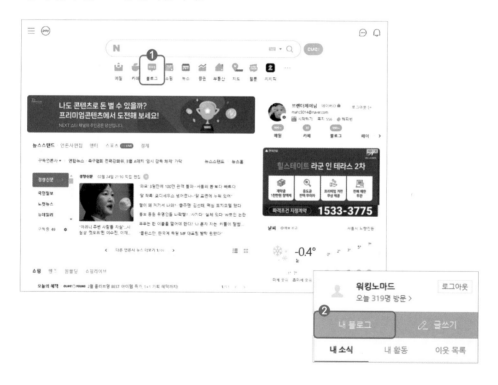

02 프로필 하단에서 [관리]를 클릭합니다.

03 [기본 설정 → 블로그 정보]를 클릭해 기본 정보를 수정합니다. 모두 설정했다면 하단의 [확인]을 클릭해 저장합니다.

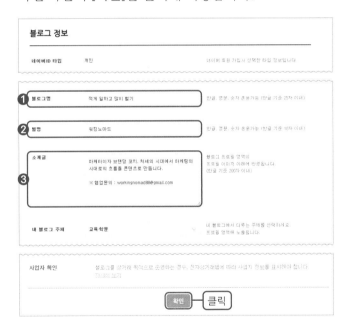

❶ **블로그명**: 너무 길면 검색 결과에서 잘려 보입니다. 자신의 블로그 주제를 반영해 띄어쓰기 포함 16글자 이내로 작성하세요.

❷ **별명**: 기억하기 쉽도록 4~5글자로 작성하세요. 이 별명을 검색했을 때 검색 결과에 나만 보이도록 단어를 여러 개 조합하세요. 나중에 변경할 수도 있습니다.

❸ **소개글**: 짧은 자기 소개 글과 연락 방법을 함께 넣어주세요. 이메일 주소를 가장 많이 사용합니다.

주제를 더 세부적으로! — 카테고리

블로그를 만들었다면 앞으로 자신이 작성할 주제를 작게 분류해 카테고리를 만들어야 합니다. 카테고리는 여러 개를 한번에 만드는 것이 아니라 당장 작성할 수 있는 주제로 3개 정도 만들고 천천히 늘려 가세요.

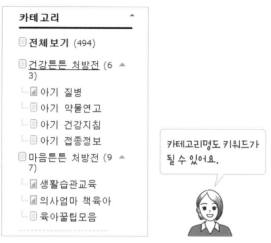

'의사엄마 꿍이맘' 블로그의 카테고리(@apple_ juice)

블로그의 카테고리명은 네이버의 검색 결과에 영향을 미치는 '메타태그 영역'에 해당합니다. 실제로 특정 카테고리에 방문자 수가 많으면 해당 카테고리의 글이 상위에 노출되는 횟수도 늘어납니다. 사람들이 많이 검색하는 키워드를 카테고리명으로 설정하면 상위 노출에 도움이 되겠죠?

📝 '메타태그'란 내 블로그의 정체성을 알려주는 정보를 뜻합니다. 메타태그 영역은 06-1절에서 자세히 다룹니다.

하면 된다! } 네이버 인플루언서 키워드에서 카테고리명 선정하기

사람들이 많이 찾는 키워드는 네이버 인플루언서 키워드라는 사이트에서 찾을 수 있습니다. 앞서 살펴본 카테고리 예시의 주제인 '육아'의 카테고리명을 선정해 볼까요?

01 네이버 인플루언서 키워드(in.naver.com/keywords)에 접속합니다.

02 [라이프 → 육아]를 클릭합니다. 나온 단어들 중 카테고리명으로 적절한 키워드를 발췌해 설정합니다. '아기빗'이나 '아기띠'처럼 여러 개의 글을 쓰기 어려운 키워드는 제외하고, '아기 책 추천'이나 '돌 아기의 성장기'처럼 다양한 글을 작성할 수 있는 키워드로 선택하세요.

기존에 상위 노출되던 글이라도 카테고리를 이동하면 순위가 밀릴 수 있습니다. 이때는 다시 이전 카테고리로 복구해야 정상 순위로 돌아오죠. 이건 무엇을 의미할까요? 카테고리명의 키워드로 얼마나 검색되는지, 얼마나 많은 유입을 만드는지가 순위에 큰 영향을 미친다는 것입니다. 순위를 높이기 위해 카테고리는 가능한 한번 설정하면 수정하지 않는 것이 좋습니다.

📝 카테고리를 너무 자주 이동하면 초반에는 글의 순위만 하락하고, 이러한 행동이 누적되면 블로그에 게시한 전체 글의 순위 변동의 원인이 됩니다.

블로그 글의 얼굴, 섬네일

예전 블로그는 글 위주여서 제목이 조회 수에 많은 영향을 줬습니다. 하지만 이젠 이미지, 동영상의 시대죠. 특히 '섬네일'이라고 하는 이미지가 중요해졌습니다. 섬네일은 자신의 정보를 한눈에 잘 보이도록 진열해서 전문성을 강조할 수 있습니다. 만약 정보를 제공하는 블로그를 운영한다면 섬네일의 디자인을 통일하세요. 글꼴과 위치, 크기를 동일하게 지정해 섬네일을 만들면 더욱 정돈된 인상을 줄 수 있습니다.

디자인을 통일한 섬네일 예시(@kakp_blog, @tryukjin)

이렇게 섬네일 디자인을 통일하면 글의 내용을 알아보기 쉽고, 하나의 글에서 만족하면 새로운 콘텐츠를 클릭하게 되어 추가 소비를 일으킬 수 있습니다. 섬네일 디자인 방법은 3장에서 자세히 알아보도록 하고, 우선 블로그에서 카테고리를 클릭했을 때 섬네일이 보이도록 설정해 봅시다.블로그를 처음 만든 사람이라면, '글보기 유형 설정'이 글이 아래로 나열되는 '블로그형'으로 되어 있을 거예요. 이 설정을 '앨범형'으로 바꾸는 것을 추천합니다.

하면 된다! 〉 글보기 유형 바꾸기

01 블로그 메인의 프로필 하단에서 [EDIT]를 클릭합니다.

02 ❶ [메뉴·글·동영상 관리 → 블로그]에서 ❷ 유형을 변경할 카테고리를 선택합니다. ❸ [글보기]는 [앨범형]을, ❹ [섬네일 비율]은 [정방형]을 선택하고 ❺ [확인]을 클릭합니다.

03 수정을 마치고 오른쪽 상단의 [내 블로그]를 클릭하면 설정 창에서 나올 수 있습니다. 사진을 넣은 게시물을 발행해 섬네일 형태로 노출되는지 확인합니다.

블로그 방문자에게 더 많은 콘텐츠를 보여주세요!

만약 시간 경과를 보여 주는 글처럼 이어지는 콘텐츠를 기획했다면 방문자들이 자연스럽게 다음 콘텐츠를 보게 되는 환경을 만들어 줘야 합니다. 페이지당 노출되는 글의 개수를 늘려 사람들이 자신도 모르는 사이에 새로운 글까지 함께 읽을 수 있게 만들어 보겠습니다.

하면 된다! ⎬ 페이지당 글 노출 개수 설정하기

01 ❶ [메뉴·글·동영상 관리 → 블로그]를 클릭하고 ❷ [페이지당 글]을 [3개]로 변경한 뒤 ❸ [확인]을 클릭하세요.

02 상단의 [내 블로그]를 클릭해 블로그 메인으로 돌아옵니다. 스크롤을 내려 한 페이지에 글이 몇 개 나타나는지 세어보세요.

내 채널을 하나로 묶어주는 위젯

최근 SNS 활동이 활발해지면서 한 사람이 다양한 채널을 보유한 경우가 많습니다. 블로그를 이제 막 시작했더라도 인스타그램이나 유튜브와 같은 외부 채널이 추가로 있다면 위젯을 설정해 한눈에 나의 전문성을 강조할 수 있습니다. 이미 여러 블로거가 위젯을 통해 자신을 알리고 있죠. 다음 사진을 볼까요?

위젯으로 별도의 웹사이트를 소개한 예시(@goyha)

위젯으로 강의 신청이나 콘텐츠를 구매할 수 있도록 한 예시(출처: @supapa13)

위젯은 링크를 삽입해 인스타그램, 유튜브 등 다른 SNS 채널로 이동시키거나 네이버 뷰스타, 인플루언서와 같은 인증 배지를 게시해 전문성을 인증하고 어필하는 데 사용할 수 있습니다.

실습을 통해 위젯을 만들고 설정하는 방법을 알아보겠습니다. 먼저 위젯 이미지는 **미리캔버스**라는 무료 도구를 사용해 만들 수 있습니다.

미리캔버스

📝 당장 연결할 채널이나 링크가 없다면 61쪽으로 넘어가도 됩니다.

하면 된다! ➤ 미리캔버스로 위젯 이미지 만들기

01 미리캔버스(miricanvas.com)에 접속해 회원 가입을 한 후 로그인합니다. [디자인 만들기(새 디자인 만들기)]를 클릭합니다.

02 ➊ ☰ 아이콘을 클릭해 전체 메뉴를 엽니다. ➋ 이름 아래의 [1080px ×
1080px 〉]를 선택한 뒤 ➌ [직접 입력]을 클릭해 캔버스 크기를 가로세로 각각
170px로 설정하고 ➍ [적용하기]를 클릭하세요.

03 ➊ 왼쪽 메뉴에서 [요소]를 클릭합니다. ➋ 검색 창에 깃발을 입력해 ➌ 검색
결과에 있는 깃발 모양을 선택하면 캔버스에 나타납니다. ➍ 테두리에 있는 동그
라미를 좌우로 드래그해 도형이 캔버스에 가득 차게 만드세요.

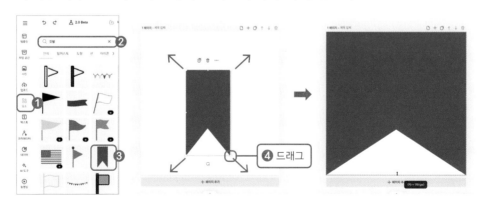

04 ❶ 도형을 클릭하고 ❷ [색상 채우기]의 토글을 활성화합니다. ❸ 색상 오른쪽의 ■를 클릭하면 색을 바꿀 수 있습니다. ❹ 여기서는 [기본 팔레트]에서 맨위 4번째에 있는 회색을 선택했습니다.

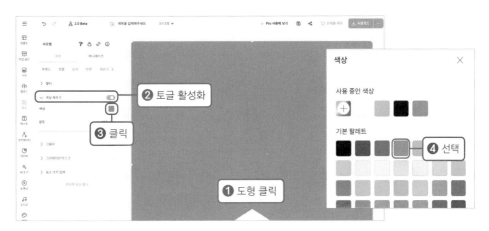

05 ❶ 왼쪽 메뉴에서 [텍스트]를 선택합니다. ❷ [제목 텍스트 추가]를 클릭해 이미지에 들어갈 내용을 입력합니다. 여기서는 'INSTAGRAM★'을 입력했습니다.

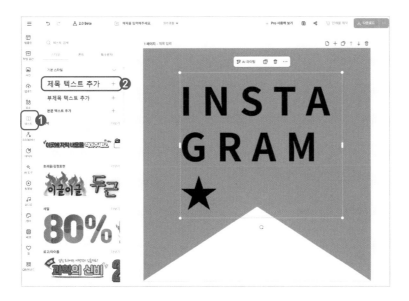

06 ❶ 디자인을 완료했으면 화면 오른쪽 상단의 [다운로드]를 클릭합니다. ❷ [파일 형식]에서 [PNG]를 선택하고 ❸ [투명한 배경]에 체크한 뒤 ❹ [고해상도 다운로드]를 클릭합니다.

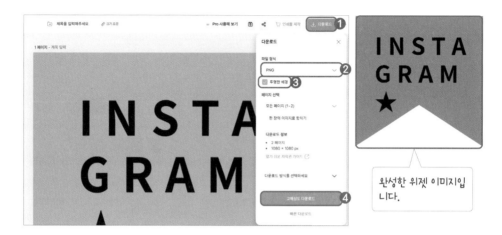

완성한 위젯 이미지입니다.

하면 된다! ▶ 블로그에 위젯 등록하기

위젯 이미지를 만들었다면 이제 블로그에 등록해야겠죠? 위젯을 등록하려면 웹 페이지를 만들 때 쓰는 코드인 'HTML 코드'를 활용해야 하기 때문에 조금 복잡할 수 있습니다. 차근차근 따라해 보세요!

✎ HTML 코드는 이지스퍼블리싱 홈페이지에서 내려받은 이 책의 실습 파일 중 'HTML 코드.txt' 파일을 활용합니다.

01 먼저 블로그에 '비공개 글'로 위젯 이미지를 등록해야 합니다. 블로그에서 프로필 하단의 ❶ [글쓰기]를 클릭해 ❷ 제목을 입력한 후 ❸ [사진]을 클릭하고 앞서 만든 이미지를 불러옵니다.

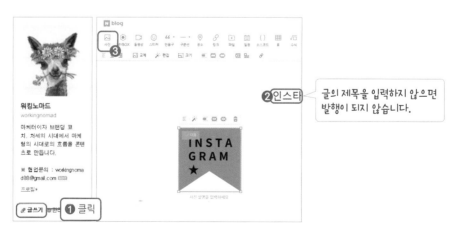

글의 제목을 입력하지 않으면 발행이 되지 않습니다.

02 ❶ [발행]을 클릭하고 ❷ [공개 설정]을 [비공개]로 선택한 후 ❸ [발행]을 클릭합니다.

📝 나중에 위젯이 많아진다면 별도의 '위젯' 카테고리를 만들어서 관리하는 것이 좋습니다.

03 비공개로 발행한 글이 나타납니다. ❶ 위젯으로 설정할 이미지를 마우스 오른쪽 버튼으로 클릭하고 ❷ [이미지 주소 복사]를 선택합니다. 여기서 복사한 주소는 ❸ 메모장에 따로 옮겨 저장해 두세요.

❸
https://postfiles.pstatic.net/MjAyNDA3MTVfMjQ2/MDAxNzIxMDM0MjQ0NDcx.7z
7xyi0jdlB7NCNVKGkao2mXrPy1xs9iY4UXWgZ8yaAg._96IWtwL0YOiG1RXf9Gyhlk
zW2ysg_YzdqZsw_F71Csg.PNG/image49.png?type=w773

04 ❶ 실습 파일인 HTML 코드.txt를 실행합니다. 여기서 href= 뒤에는 자신의 SNS 주소를 입력하고, src= 뒤에는 **앞서 복사한 이미지 주소를 붙여넣습니다.**

href= 뒤 : 자신의 SNS 주소

src= 뒤 : 앞에서 메모장에 복사해 둔 이미지 주소

이런 형태로 입력하면 됩니다!

```
<a target="_blank" href="www.instagram.com/withjayy">
<img src=" https://postfiles.pstatic.net/MjAyNDA3MTVfMjQ2/MDAxNzIxMDM
0MjQ0NDcx.7z7xyi0jdlB7NCNVKGkao2mXrPy1xs9iY4UXWgZ8yaAg._96IWtw
L0YOiG1RXf9GyhlkzW2ysg_YzdqZsw_F71Csg.PNG/image49.png?type=w773"
width="170px" height="170px"/></a>
```

05 다시 블로그로 돌아와, 블로그 상단의 ❶ [내 메뉴 → 스킨 변경]을 클릭합니다. ❷ [꾸미기 설정 → 스킨 선택]에서 ❸ [레이아웃 설정]을 클릭합니다.

06 오른쪽 하단의 ❶ [위젯직접등록 BETA]를 클릭하고 ❷ 위젯명을 입력합니다. ❸ [위젯코드입력] 부분에 앞서 실습 파일에서 작업한 코드를 붙여넣습니다. ❹ 다 입력했다면 [다음]을 클릭합니다.

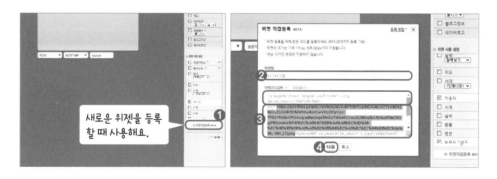

새로운 위젯을 등록할 때 사용해요.

07 ❶ 위젯 이미지가 제대로 들어갔는지 확인한 후 [등록]을 클릭합니다. ❷ 왼쪽에 나타난 위젯을 드래그해 원하는 위치로 옮깁니다.

이렇게 생긴 아이콘이 나타났나요?

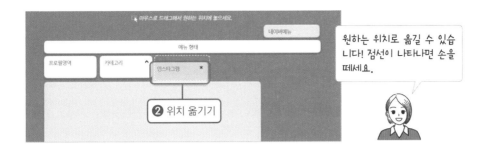

원하는 위치로 옮길 수 있습니다! 점선이 나타나면 손을 떼세요.

08 ❶ 하단의 [적용]을 클릭합니다. ❷ 블로그 메인으로 이동하면 위젯을 클릭해 링크로 제대로 연결되는지 확인하세요.

위젯 이미지를 클릭해 원하는 링크로 잘 이동하는지 확인하세요!

하면 된다! ﹜ 블로그 앱에서 외부 채널 유입 링크 추가하기

모바일 버전의 블로그에서는 위젯을 적용할 수 없고, 대신 외부 채 널 유입 링크를 넣을 수 있습니다. 먼저 스마트폰에 '네이버 블로그' 앱을 설치해 보세요.

네이버 블로그

01 ❶ 블로그 앱에 접속해 하단의 프로필 이미지를 누르고 ❷ 메인 화면에서 [홈편집]을 누릅니다. ❸ 아래에 나타나는 [외부채널] 메뉴에서 [인스타그램]을 누릅니다.

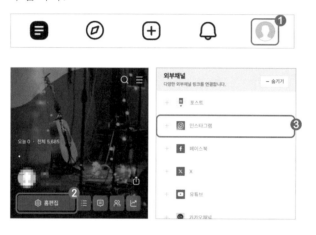

02 ❶ [인스타그램 연결] 창에 자신의 인스타그램 주소를 복사해서 붙여넣고 [확인]을 누릅니다. ❷ [적용]을 누르면 인스타그램 링크 설정이 완료됩니다.

블로그의 메뉴판! 프롤로그

여러분은 식당에 가서 가장 먼저 무엇을 하나요? 아마 메뉴판을 살펴보며 관심 이 있는 메뉴가 있다면 주문하고, 없다면 다른 식당을 찾으러 나갈 것입니다.

블로그의 프롤로그는 바로 이 메뉴판 같은 역할을 합니다.

프롤로그를 설정하면 내 블로그에 유입된 방문자에게 나의 주제와 전문성을 한눈에 보여줄 수 있습니다. 또한 빠르게 콘텐츠를 훑어본 뒤 관심이 있는 주제를 클릭해서 볼 가능성이 높아집니다. 이렇게 중요한 역할을 하는 프롤로그, 어떻게 설정하는 걸까요?

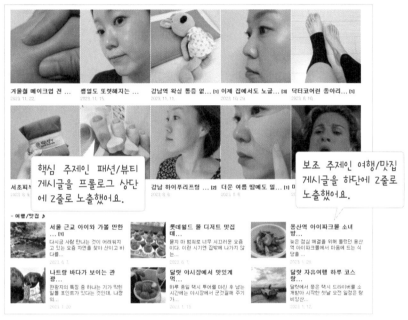

필자가 설정해 둔 프롤로그 화면

하면 된다! 〉 프롤로그 사용 활성화하고 배치 설정하기

01 ❶ 프로필 하단의 [관리]를 클릭하고 ❷ [메뉴·글·동영상 관리 → 상단메뉴 설정]을 선택합니다.

02 ❶ [메뉴사용 관리]에서 [프롤로그]의 [사용]에 체크한 뒤 ❷ [관리]에서 [프롤로그 관리]를 클릭합니다.

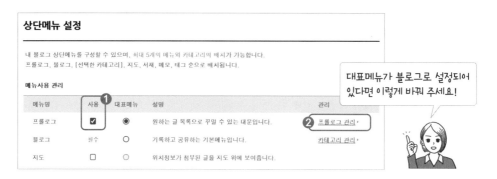

03 [보기 설정]에서 이미지와 글 가운데 강조하고 싶은 형태를 선택하세요. 눈으로 보이는 것이 중요한 주제라면 이미지를, 글이 중요한 주제라면 글을 선택하면 됩니다. 필자는 핵심 주제가 뷰티이므로 [이미지 강조]로 선택했습니다.

04 다음으로 메인 이미지 목록으로 설정할 카테고리를 바꿔 봅시다. ❶ [변경]을 클릭해 보세요. [프롤로그 카테고리 설정하기] 창이 나타나죠? ❷ 블로그의 핵심 주제 카테고리를 클릭하세요. ❸ 마지막으로 [확인]을 클릭해 저장합니다.

05 보조 주제는 [글목록] 옆의 체크 박스를 클릭한 뒤 마찬가지로 [변경]을 클릭하면 설정할 수 있습니다. 필자는 하나의 보조 주제를 설정했습니다.

06 이제 오른쪽의 [1줄]을 클릭해 노출할 줄의 수를 설정해 봅시다. 설정은 최대 3줄까지 할 수 있지만, 2줄 이내로 설정해야 내 블로그의 주제를 효율적으로 보여주기 좋습니다. [2줄]을 선택합니다.

07 [확인]을 클릭해 설정을 저장한 후 블로그로 돌아가 프롤로그 화면을 확인해 보세요.

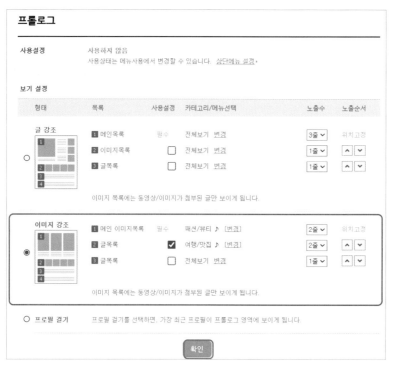

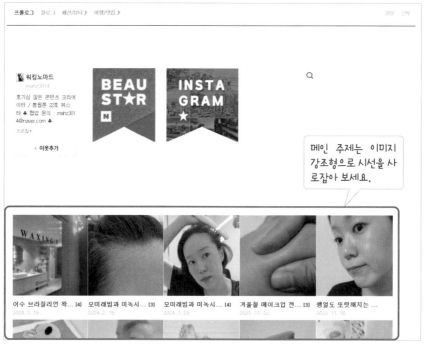

메인 주제는 이미지 강조형으로 시선을 사로잡아 보세요.

이제 블로그 기본 설정을 모두 마쳤습니다. 03장으로 넘어가 블로그에 글을 채워 봅시다.

주제별 수익 창출 방법

어떤 주제를 다뤄야 수익을 낼 수 있을지 떠오르지 않아 고민되나요? 다음 내용을 참고하며 주제를
결정해 보세요.

국내여행/세계여행

여행 블로그는 원고료를 받는 경우가 많지 않습니다. 대부분 숙소나 서비스를 제공받고, 지방
의 경우 교통비를 현금으로 지급받기도 합니다. 여행 예약 사이트 링크를 블로그 글에 삽입해
수수료를 받는 방식이 일반적입니다. 자신의 여행 기록을 출판하거나 찍은 사진을 스톡 이미
지로 판매할 수도 있고, 맞춤형 여행 일정 계획 서비스를 제공하는 등 추가 수익의 기회가 열
려 있습니다. 독특한 여행 경험, 숨겨진 명소, 여행 팁 등 실용적인 정보를 제공하면 방문자를
확보하고 광고 수익을 늘릴 수 있습니다.

국내여행/세계여행 블로그(@amyangela, @witerplay)

패션·미용

패션·미용 블로그는 협찬 의뢰가 많은 만큼 경쟁이 치열해 원고료가 높은 편입니다. 메이크업
이나 스킨케어 등 특정 주제에 특화된 블로그를 운영하는 것을 추천합니다. 여행 블로그와 마

찬가지로 뷰티 제품 구매 링크를 글에 삽입해 수익을 얻거나, 유튜브나 인스타그램 같은 추가 채널을 운영하며 원고료를 높일 수도 있습니다. 또 어느 정도 유명세를 얻은 블로그라면 메이크업과 스킨케어 관련 온라인 강좌를 개설하기도 합니다.

패션 블로그는 옷을 협찬 받는 방식이 일반적이며, 블로그 마켓으로 추가 수익을 창출하기도 합니다. 플러스 사이즈 패션 등 틈새시장을 공략하는 것도 하나의 아이디어가 될 수 있습니다.

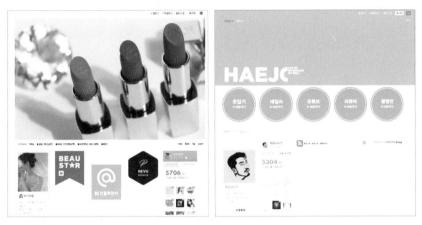

패션·미용 블로그(@beauty_yethree, @kimhoejo)

요리·레시피

요리·레시피 블로그는 주로 레시피를 공유하는데, 업체에서 운영하는 1세대 블로그가 많아 신규 진입이 어려운 편입니다. 하지만 식재료 공동구매를 진행하거나 레시피를 모아 전자책으로 판매하고, 온라인 요리 강좌를 개설하는 등 추가 수익을 낼 수 있는 길이 다양합니다. 비건, 키토제닉 등 특화된 주제를 다루면서 블로그를 차별화할 수 있습니다.

요리·레시피 블로그(@gugu9416, @s_cook)

IT·컴퓨터/자동차

IT·컴퓨터 블로그는 대기업 광고주가 많아 광고 단가가 높지만, 콘텐츠의 전문성이 요구됩니다. 신제품이 출시되었을 때 발빠르게 후기를 올리면서 제품 구매 링크를 글에 삽입하거나, '네이버 엑스퍼트' 등의 채널을 통해서 IT 관련 질문에 답변을 제공해 추가적인 수익을 얻을 수 있습니다. 최신 기술 트렌드 분석, 제품 비교 후기 등의 콘텐츠를 주로 다루는데, 꼼꼼하게 작성할수록 독자층이 잘 모입니다.

자동차 블로그는 새로 나온 차의 정보, 정비 팁 등 실용적인 정보를 제공해 방문자 수를 늘릴 수 있습니다.

IT·컴퓨터/자동차 블로그(@need97, @jpcar_)

인테리어·DIY/육아·결혼/건강·의학

인테리어·DIY/육아·결혼/건강·의학 블로그는 체험단 기회가 많아 처음 시작하는 사람에게 적합합니다. 하지만 다른 주제에 비해 후기를 작성할 때 주의해야 할 점이 많습니다. 인기 블로그는 공동구매로 추가 수익을 창출할 수 있습니다.

📝 건강기능식품을 포함하는 '건강·의학' 주제는 약사법 등 준수해야 할 법규가 명확하므로 미리 숙지해야 합니다.

인테리어·DIY/건강·의학 블로그(@onsumm, @mskyes)

게임

게임 블로그는 주로 새 게임 소식이나 공략 정보를 전달합니다. 새로운 게임이 출시되면 게임 회사에서 원고료를 지급하며 의뢰를 하기도 합니다. 다만 시기에 따라 수익 변동이 크다는 점을 유념해야 합니다. 특정 게임이나 시리즈에 특화된 글을 작성해 충성도 높은 독자층을 확보하는 것도 좋은 전략이 될 수 있습니다.

게임 블로그(@baramlibrary, @leeon715)

반려동물

반려동물 블로그는 활성화된 채널이 많지 않아 도전하기 쉽습니다. 반려동물 시장이 커지면서 협찬의 규모도 커지고 있어 시장성이 높습니다. 하지만 반려동물의 건강과 관련된 제품 후기를 작성할 때는 주의해야 할 점이 많습니다. 반려동물 제품 구매 링크를 글에 삽입해 수익을 얻거나, 자신의 브랜드를 만들어 사업을 시작하기도 합니다. 펫 푸드 레시피, 반려동물과 함께 갈 수 있는 여행지 정보 등을 제공하는 것도 좋은 전략이 될 수 있습니다.

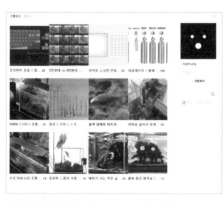

반려동물 블로그(@mulmung, @iamjina826)

방송/음악/영화

방송/음악/영화 블로그는 실시간 이슈를 글로 작성해 방문자 수를 늘리며 수익을 얻을 수 있습니다. 그러나 영상이나 사진, 음악 등을 사용할 때 저작권에 주의해야 합니다. 영화나 드라마는 대형 OTT 광고주가 많아 원고료가 높은 편이지만, 일부 인지도가 높은 블로거에게 집중되는 경향이 있습니다. 초기에는 소수 마니아층이 있는 장르나 영화를 골라 후기를 작성하는 것이 좋습니다. 독특한 시각의 후기나 특정 장르 분석, 전문 콘텐츠로 차별화할 수 있습니다.

음악/영화 블로그(@kim_lavigne, @awayout2)

공연·전시/문학·책

공연·전시 블로그는 주로 티켓을 협찬 받아 문화생활 비용을 절약할 수 있습니다.

문학·책 블로그는 북클럽을 운영하며 콘텐츠를 차별화할 수 있습니다. 온라인 독서 모임을 통해 방문자 수를 늘리고, 출판사나 서점 등과 협업으로 추가 수익을 얻기도 합니다.

공연·전시/도서 블로그(@chozlove, @wgiboogi_world)

비즈니스·경제

비즈니스·경제 블로그는 높은 원고료를 받을 수 있습니다. 단어 사용에 주의하며 실용적이고 전문적인 정보를 제공하는 것이 좋습니다.

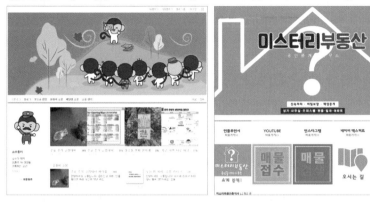

비즈니스·경제 블로그(@dargae, @my_name_jin)

어학·외국어/교육·학문

어학·외국어/교육·학문 블로그는 트렌드 변화를 주시하고 꾸준히 정보 글을 작성해 애드포스트 수익을 얻을 수 있습니다. 원고료가 낮고 협찬의 기회도 적지만 학습법, 시험 준비 전략, 교육 정책 분석 등의 콘텐츠로 독자층을 확보해 장기적인 수익을 창출할 수 있습니다.

어학·외국어/교육·학문 블로그(@edmlanguage, @sch6920)

한 달에 천 명 방문자를 만드는 글쓰기 노하우

사람들은 '자신이 일방적으로 하고 싶은 이야기'를 적은 블로그보다 '궁금해하는 이야기'를 정확하게 알려주는 블로그에 더 자주 방문합니다. 방문자 수가 수익으로 이어지는 블로그를 만들려면 어떻게 글을 써야 할까요? 이번에는 사람들이 '진짜' 검색하는 키워드를 찾는 방법과 글쓰기 노하우를 배워 보겠습니다.

03-1 30일 연습으로 글쓰기 시작!

03-2 글만큼 중요한 키워드와 제목

03-3 블로그 글 작성 시간을 줄이는 3가지 노하우

03-4 조회 수 상승의 비결

상위 1% 블로그의 비밀 | 글 작성 시간, 효율적으로 관리하세요!

03-1 30일 연습으로 글쓰기 시작!

#글쓰기 #30일연습 #주제점검

블로그를 운영하며 '좋은 글을 써야 상위에 노출될 확률이 올라간다'는 말을 들어본 적 있을 거예요. 네이버는 사람들이 원하는 정보를 더 정확하고 세심하게 제공하기 위해 계속해서 변화하기 때문에, 이러한 변화를 미리 습득해 글을 작성하면 새로 블로그를 만든 사람이라도 충분히 상위에 노출될 수 있습니다. 완벽하게 주제를 공부하거나 준비하지 않았더라도 좋습니다. 고민하지 말고 우선 도전해 보세요.

기본 지식을 갖추고 나서 새로운 글을 작성하려면 많은 에너지가 필요합니다. 그래서 필자는 온라인에 흩어져 있는 콘텐츠를 모아서 보기 좋게 정리한 글을 먼저 써 보는 걸 추천합니다.

사람들에게 소개하고 싶은 정보가 있나요? 그 정보를 하나로 묶어 알기 쉽게 소개하는 큐레이터가 되어 보세요. 사람들이 정보를 찾는 데 들이는 시간을 줄이고 그만큼 내 블로그에 오랫동안 머무르게 할 수 있습니다.

30일 연습으로 블로그와 친해지기

처음 블로그를 개설했다면 '방문자 수를 모은다'는 큰 목적보다, '연습해 본다'는 작은 목적으로 글을 작성해 보세요. 글을 잘 쓸 수 있다고 자신하는 사람도 있겠지만, 블로그를 처음 시작했다면 아직은 사람들이 반응하는 글을 작성하는 연습이 필요한 시기입니다.

필자는 그 연습의 시간을 30일로 정했습니다. 처음 30일 동안은 뷰티, 여행, 맛집, 재테크, 영화 등 다양한 주제를 다루면서 가볍게 글을 작성하고, 내가 매력을 느끼는 주제와 콘텐츠인지 확인하세요. 1주일 단위로 구분해 첫째 주에는 여행, 둘째 주에는 뷰티, 셋째 주에는 맛집을 주제로 글을 올려 보고, 사람들이 검색으로 유입되는 것을 확인하며 다양한 주제를 작성해 보세요. 이렇게 글쓰기 연습을 하면서 앞서 블로그를 기획할 때 정한 주제가 정말 나와 잘 맞는지 점검하고 대주제에서 세부 주제로, 또 주제 안에서 타깃을 세분화하는 내용으로 발전시킬 수 있습니다.

이미 포화 상태인 블로그 시장에서 흔한 주제일지라도 나만이 할 수 있는 이야기는 분명 있습니다. 맛집을 주제로 글을 쓰고 싶다면 특정 지역, 특정 메뉴 등을 정해서 소개해 보세요. 다음 표는 블로그에서 선택할 수 있는 주제를 정리한 것입니다. 주제를 정할 때 참고하세요.

블로그에서 글을 올릴 때 선택할 수 있는 주제

엔터테인먼트·예술	생활·노하우·쇼핑	취미·여가·여행	지식·동향
문학·책	일상·생각	게임	IT·컴퓨터
영화	육아·결혼	스포츠	사회·정치
미술·디자인	반려동물	사진	건강·의학
공연·전시	좋은글·이미지	자동차	비즈니스·경제
음악	패션·미용	취미	어학·외국어
드라마	인테리어·DIY	국내여행	교육·학문
스타·연예인	요리·레시피	세계여행	
만화·애니	상품리뷰	맛집	
방송	원예·재배		

앞서 소개한 주제를 참고해서 30일 동안 연습해 볼 주제를 정하고, 어떤 타깃에게 전달할 글을 쓸지 계획해 보세요.

📝 이 페이지에서는 14일 양식을 제공합니다. 30일 양식은 이지스퍼블리싱 홈페이지의 자료실에서 다운로드해 사용하세요!

글 작성 순서	주제	타깃 세분화
1	맛집	전국의 국밥집만 찾아다니는 맛집 블로그
2		
3		
4		
5		
6		
7		
8		
9		
10		
11		
12		
13		
14		

03-2 글만큼 중요한 키워드와 제목

(#키워드) (#제목) (#스마트블록) (#블랙키위) (#니즈파악) (#숫자) (#궁금증유발)

이번에는 블로그 글의 핵심인 키워드를 알아보겠습니다. 키워드는 사람들이 많이 찾는 단어를 내 글에 삽입해 블로그로 유입시키는 데 도움을 줍니다. 블로그를 운영할 때 키워드는 가장 중요하게 생각해야 하는 요소죠! 조금 어려운 내용은 뒤로 넘겨두기로 하고, 우선 기초부터 배워 볼까요?

심화 단계는 06장에서 다룹니다!

사람들에게는 검색어? 블로거에게는 키워드!

만약 물건을 판다고 가정하면, 그 제품을 고객의 눈이 닿는 공간에 전시해 두어야 합니다. 마찬가지로 내 블로그에 사람들이 유입되게 하려면, 그들의 눈길이 닿는 곳에 내 글이 노출되어야 합니다. 그래서 사람들이 실제로 사용하는 검색어인 '키워드'라는 미끼를 달아 낚싯대를 던지는 것이죠.

키워드를 잘 잡으면 자신이 작성한 글이 검색 결과에서 상위에 노출됩니다. 또한 어떠한 키워드로 어떻게 블로그를 키우느냐에 따라서 블로그의 정체성부터 방문자 수, 성장성까지 결정됩니다. 그러므로 블로그에 맞는 키워드를 찾는 데 주목해야 하고, 키워드를 어떻게 활용할지에 대해서도 항상 고민해야 합니다. 먼저 키워드를 찾는 것부터 시작해 봅시다.

이제부터 모든 글은 **키워드 찾기 → 제목 적기 → 본문 글쓰기**의 순서로 작성해 보세요. 글의 뼈대가 되는 키워드를 먼저 찾으면 타깃을 명확히 확정하게 되고, 제목을 정하면 비로소 타깃에게 전달하고자 하는 목적이 분명해집니다.

키워드는 스마트블록을 활용해 찾아요!

최근 네이버 알고리즘은 사람들의 취향을 분석하고 앞으로 검색할 것 같은 키워드를 예측해 블록 형태로 노출시키는데, 이를 '스마트블록'이라고 합니다.

'강남역맛집'을 검색했을 때 나타나는 스마트블록

스마트블록은 개인의 취향에 따라 다르게 나타납니다. 노출 기회가 분산돼 키워드를 잡는 것이 어렵지는 않을까 걱정될 수도 있겠지만, 통계적으로 많이 노출되는 키워드를 찾으면 된답니다.

그럼 키워드를 찾는 방법을 알아볼까요? 여기서는 키워드 검색 플랫폼인 블랙키위를 활용해 보겠습니다.

하면 된다! 〉 스마트블록에서 많이 노출되는 키워드 찾기

01 블랙키위(blackkiwi.net)에 접속하고 ❶ 오른쪽의 [가입하기]를 클릭해 회원가입한 후 로그인합니다. ❷ 강남역맛집을 검색합니다.

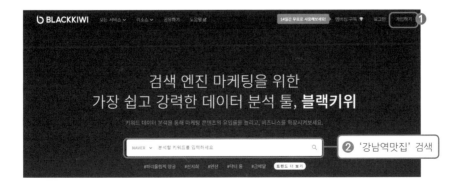

02 ❶ [섹션 분석] 탭을 클릭합니다. ❷ 오른쪽의 [표시기준]을 클릭하고 ❸ [스마트블록]을 선택합니다. '강남역 파스타 맛집', '강남역 우동 맛집' 등 다양한 스마트블록 키워드가 나타납니다.

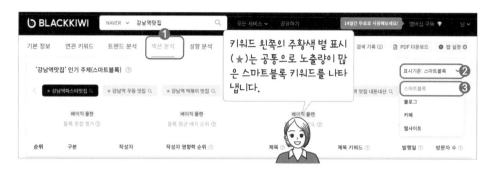

03 스마트블록 키워드 오른쪽의 돋보기 아이콘을 클릭하고 다시 [섹션 분석]을 선택합니다. [인기글 TOP 7]에 현재 네이버에서 상위 노출 중인 글의 제목과 발행일이 나타납니다. 단, 스마트블록 키워드의 글 발행일을 확인했을 때 최근에 발행된 글이 있으면 상위에 노출되었어도 오랫동안 유지하기 어렵습니다.

키워드를 정했다면 가장 상위에 노출된 블로그를 방문해 글의 맥락과 내용을 파악해 보세요. 상위에 노출됐다는 것은 이미 해당 키워드로 높은 점수를 받고 있다는 의미입니다. 단락별 내용이 어떻게 구성되어 있는지도 유심히 살펴보세요.

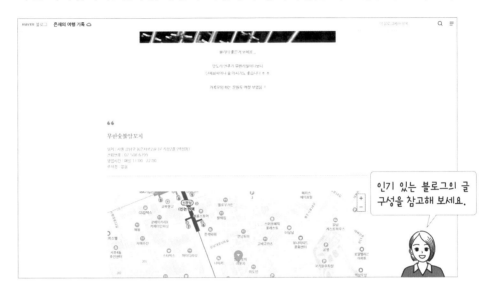

인기 있는 블로그의 글 구성을 참고해 보세요.

도전! 블로그 인플루언서 | 찾은 키워드 정리하기

글에 사용할 만한 키워드를 찾았나요? 다음 예시를 참고해 키워드명, 상위 노출 블로그 글의 제목과 구성 등 필요한 정보를 정리해 보세요.

[예시]

키워드	강남역 신분당선 맛집
상위 노출 블로그의 글 제목	강남역 신분당선 맛집, 무한숯불양꼬치 훠궈 후기
상위 노출 블로그 글의 구성	음식 사진 → 지도 및 업체 정보 → 메뉴판 → 셀프바 → 먹는 사진 → 내부 사진
키워드	
상위 노출 블로그의 글 제목	
상위 노출 블로그 글의 구성	

클릭을 부르는 제목 정하기

유튜브에서 스크롤을 내리다가 나도 모르게 클릭할 수밖에 없었던 제목, 이른바 어그로성 제목을 떠올려 봅시다. '유일', '비법', '비밀', '차이', '대표', '총정리', '종합' 등 특정 단어에 반응한 경험이 있을 겁니다. 그렇다면 시선을 끄는 제목은 어떻게 만들어야 할까요? 클릭하고 싶지 않은 제목과 클릭하고 싶은 제목 예시를 비교해 봅시다.

> 📝 '어그로성'이란 글이나 동영상에 자극적인 제목을 달아 인터넷에 올려 사람들의 관심을 끌고 분란을 일으키는 것을 말합니다.

제목 비교

키워드	칼국수 레시피
클릭하고 싶지 않은 제목	클릭하고 싶은 제목
너무 맛있는 칼국수 레시피 소개합니다	칼국수 레시피, 이것 하나면 우리 집이 맛집이 됩니다

클릭하고 싶지 않은 제목의 공통점

좋지 않은 제목에는 2가지 공통점이 있습니다. 이 점을 피해 제목을 만들면 조금 더 좋은 제목에 가까워지겠죠?

1. 키워드를 단순 나열한 제목

네이버 알고리즘은 글 제목에서 글의 내용을 명확하게 유추할 수 있거나, 검색 사용자가 글에서 원하는 정보를 찾을 수 있어야 상위에 노출해 줍니다. 따라서 목적이 같은 키워드를 나열하는 형태로 제목을 작성하면 낚시 글로 판단하고 검색 결과에서 제외합니다. 다음 예시를 함께 살펴볼까요?

연관된 키워드를 나열해 수분크림을 검색했을 때 다양한 결과에 노출되기를 원했지만 사람들은 제목만으로 해당 글에서 정확하게 어떤 정보를 얻을 수 있는지 알기 어렵습니다. 또한 이러한 경우 네이버는 내용의 정확도나 전문성 등 품질에 대한 기대를 하지 못할 것으로 예상합니다. 하고 싶은 말이 많다면 키워드별로 글을 한 개씩 작성해 보세요.

정확한 내용을 파악하기 어려운 제목(출처: '네이버 검색' 공식 블로그)

2. 본문 내용과 상관없는 제목

블로그에 글을 발행하면 알고리즘이 글의 내용과 사진을 취합해 검색 결과에 노출합니다. 이때 제목과 내용이 일치하지 않으면 알고리즘은 이를 낚시 글로 판단하므로 노출되지 않을 확률이 높아집니다. 특히 이제 막 시작한 블로그에서 제목을 이렇게 작성하면 검색 결과에서 바로 누락될 수 있습니다. 글에서 어떤 내용을 알 수 있는지 제목에 명확히 드러내 주세요.

내용과 상관없는 키워드를 사용한 제목(출처: '네이버 검색' 공식 블로그)

사람들이 블로그 제목에서 똑같이 하는 실수가 있습니다. 강조하거나 알아보기 쉽도록 쉼표, 따옴표, 느낌표, 물음표 같은 문장 부호나 특수 문자를 제목에 너무 많이 사용하는 것입니다. 이런 제목은 내 눈에는 잘 정리되어 보여도 검색을 통해 들어온 사람에게는 특별하게 다가오지 않습니다. 또한 불필요한 슬래시(/)와 괄호를 추가하면 추가 정보를 제공할 기회도 놓칩니다. 원하는 것이 분명한 사람들은 '이태원 맛집'과 같이 정확한 키워드로 검색하므로 글이 정확히 인식되도록 작성하는 것이 더 중요합니다.

> 네이버는 문장 부호로 끊어진 글자를 전부 다른 단어로 인식해요.

잘못된 글 제목 예시

사람들에게 선택받는 제목을 작성하는 3가지 방법

글을 올리자마자 검색 결과 1위에 올라가는 제목은 어떻게 만들까요? 제목을 조금 더 보기 편하고 눈에 띄도록 가공하면 더 많은 사람들의 유입을 기대할 수 있습니다. 다음 내용을 고려해서 제목을 정해 보세요.

1. 독자의 니즈를 파악한 제목

글의 클릭률을 높이려면 사람들의 검색 의도를 정확하게 파악해서 제목에 반영해야 합니다. 정보를 찾을 때 가장 눈에 띄는 것은 제목이기 때문입니다. 예를 들어 포장이사 비교견적을 검색하는 사람들의 클릭률을 높이는 제목을 지을 때 고려해야 하는 요소를 알아보겠습니다.

> 직접 검색해 글의 제목을 살펴보세요!

'포장이사 비교견적'을 검색한 결과

검색 결과로 나온 글의 제목에서 어떤 점이 느껴지나요? 필자는 상위에 노출된 글의 제목에서 다음과 같은 점을 발견했습니다.

클릭을 부르는 제목의 요소

요소	설명
검색 의도 파악	'여러 곳을 방문하면 귀찮으니 한 곳에서 비교하고 싶다'는 사람들의 의도를 정확히 이해
문제 해결을 도와주는 제목	'궁금한 것을 바로 해결할 수 있다'는 확신을 주는 글이라는 점 어필

이를 통해 필자가 작성한 제목은 다음과 같습니다. 사람들의 니즈와 의도를 파악해 제목을 작성해야 클릭률을 높일 수 있다는 것을 기억해 두세요.

> [최종 작성한 제목]
>
> 1. 포장이사 업체 10군데 뒤져보고 정착한 곳
> 2. 포장이사 업체 한 곳에서 10군데 비교하기

2. 숫자가 들어 있는 제목

다음으로, 사람들은 숫자가 노출되면 좀 더 깔끔하게 정리된 정보라고 인식합니다. 필요에 의해 검색을 하지만 짧은 시간 내에 자신이 원하는 정보를 얻고 나가고자 하는 경우가 많죠. 이때 숫자를 적극적으로 활용한다면 기대하는 바를 빠르게 충족할 수 있을 것으로 여겨져서 유입될 확률이 높아집니다.

> [최종 작성한 제목]
>
> 1. 포장이사 비용 절감하는 3가지 필수 팁
> 2. 포장이사를 지금 바로 해야 하는 3가지 이유
> 3. 포장이사 서비스를 최대 80% 저렴하게 이용하는 방법
> 4. 미리 준비하는 사람들의 포장이사 성공 법칙 3가지
> 5. 단 5분 만에 포장이사 견적 비교하는 법

3. 사람들이 궁금해할 만한 제목

또한 사람들이 궁금해할 만한 제목을 설정한다면 평이한 제목보다 유입될 확률이 매우 높아집니다. 그 대신 호기심을 자극했다면 확실한 답을 전달해야 합니다.

[최종 작성한 제목]

1. 포장이사할 때 이것만큼은 절대 하지 마세요
2. 이삿짐 싸기 전에 알아야 할, 늦게 알면 후회하는 3가지 실수
3. 대부분 모르는 짐 깨끗하게 포장하는 비결
4. 이사로 스트레스 받지 않는 완벽한 계획 방법
5. 포장이사로 돈 절약한 이야기, 실제 경험자가 밝힌 '이것'

아무리 내용이 좋다고 해도 제목이 눈에 띄지 않으면 사람들의 주목을 받기 어렵습니다. 필자가 정리한 방법대로 제목을 만들어 보세요.

도전! 블로그 인플루언서 | 클릭을 부르는 제목 정하기

배운 내용을 바탕으로 클릭을 부르는 제목 3개를 직접 만들어 보세요. 키워드는 앞선 실습에서 찾았던 것을 이용해 봅시다.

키워드	강남역 신분당선 맛집
제목	1. 강남역 신분당선 맛집, 훠궈만 모아 정리했어요 2. 훠궈 만원 더 싸게 먹고 싶다면, 강남역 신분당선 맛집 '무한숯불양꼬치'로! 3. 강남역 신분당선 맛집, '여기'가 찐 핫플입니다

키워드	
제목	

03-3 블로그 글 작성 시간을 줄이는 3가지 노하우

#블로그앱 #임시저장 #음성입력 #유튜브후기 #쿠팡후기 #상세페이지

블로그를 오랫동안 운영하려면 중요하지 않은 일에 힘을 적게 들일 수 있어야 합니다. 블로그에서는 글을 쓸 때 드는 시간을 줄일 수 있도록 다양한 기능을 제공합니다. 잘 몰랐던 기능이 있다면 이번 기회에 제대로 활용해 보세요!

떠오르는 아이디어를 바로 적어두는 임시 저장 기능

블로그에는 사진과 글이 필요합니다. 하지만 이 2가지를 완벽하게 준비한 상태에서 글을 작성해야 한다고 생각하면 자꾸 미루게 되므로, 임시 저장 기능을 활용해서 먼저 준비된 것부터 업로드하는 것이 좋습니다.

블로그 앱을 열고 촬영 순서에 따라 사진을 업로드한 후에 [저장]을 누르세요. 이후 PC 환경에서 사진을 보정하고 글을 작성한 뒤 발행해 보세요.

만약 사진을 촬영하기 전이라면 먼저 키워드를 활용해 글을 작성해 보세요. 어떤 사진을 찍어야 할지 미리 구상할 수 있습니다. 촬영 구도가 머릿속에 그려진 상태라면 평소보다 더 빨리 촬영을 끝낼 수 있겠죠? 다 작성했다면 마찬가지로 [저장]을 누릅니다.

앞서 누른 [저장]이 바로 임시 저장 버튼입니다. 작성하던 글을 임시로 저장하면 오른쪽 하단에 저장된 글의 개수가 숫자로 나타납니다. 이 숫자를 누르면 언제든지 글을 불러오거나 삭제할 수 있습니다.

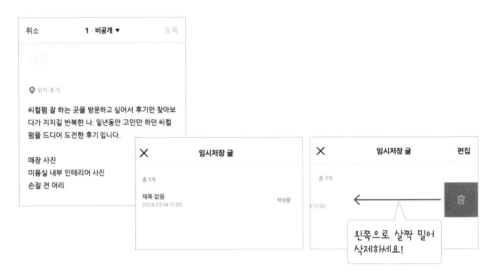

분량 많은 글도 10분 만에 써 주는 음성 입력 기능

블로그 글에는 많은 노력과 시간이 필요합니다. 하지만 이는 한정되어 있으므로 작성할 때 효율적인 시간 관리가 반드시 필요합니다. 이때 블로그 앱에서 음성 입력 기능을 사용하면 시간 절약에 도움이 됩니다.

하면 된다! 〉 목소리로 블로그 글 작성하기

01 블로그 앱에서 하단의 [⊕ → 블로그 글쓰기]를 누릅니다.

02 글 작성 창이 뜨면 하단의 [··· → 음성 입력]을 누릅니다.

03 ❶ 🎤 버튼을 누른 다음 말하면 목소리가 녹음되면서 바로 텍스트로 변환됩니다. 완료한 후 ❷ ●●● 버튼을 누르면 음성 입력이 종료됩니다.

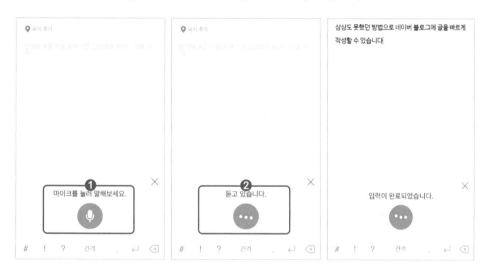

04 음성 입력을 완료했다면 하단의 [저장]을 눌러 임시 저장합니다.

블로그 앱의 음성 입력 기능을 사용하면 훨씬 자연스럽고 좋은 문장으로 완성할 수 있어서 글을 작성할 때 부담이 줄어듭니다. 특히 제품의 상세 페이지와 같은

정보를 보고 눈에 띄는 부분만 발췌해 읽으면서 초안을 빠르게 잡을 수 있다는 장점도 있습니다. 글의 전체 맥락을 파악한 뒤에 음성 입력을 시작하고, 입력이 끝나면 임시로 저장한 뒤 PC에서 오타와 구어체의 어색한 부분을 수정하며 원고를 다듬어 줍니다. 이렇게 작성한 글은 PC에서 직접 쓴 것과 차이가 없고, 시간도 훨씬 적게 듭니다.

'사진 15장, 글자 수 1,200자 이상, 동영상 1개 이상'은 써야 상위 노출이 잘 된다는 말을 들은 적 있나요? 네이버에서는 상위 노출의 조건으로 특정 글자 수 및 사진 개수를 정의한 적 없지만, 일반적으로 검색을 통해 유입된 사람들에게 제공하는 정보는 1,200자 정도가 되어야 합니다. 블로그 알고리즘은 전문성을 가장 중요하게 생각하는데, 글자 수가 적으면 전문성을 인정받는 것이 어렵기 때문입니다.

네이버 검색 창에서 글자 수 세기를 검색하고 작성한 글을 복사해 글자 수를 바로 확인해 보세요. 글자 수는 [공백포함]에 있는 것을 확인하면 됩니다.

네이버의 '글자수세기' 기능

소재가 부족하다면 다른 곳에서 찾아보세요!

제품/서비스의 후기를 글로 잘 풀어내는 것은 블로거에게 중요한 과제입니다. 하지만 간혹 글을 쓰기 위한 아이디어나 경험이 부족할 때가 있습니다. 이런 경우에는 유튜브나 쇼핑몰, 공식 웹사이트에서 필요한 정보를 얻어 글을 보충하기도 합니다.

유튜브 동영상 참고하기

전자제품과 같은 기술 제품의 경우 유튜브 후기 동영상을 통해 제품의 사양을 파악하고 정리하는 데 도움을 얻을 수 있습니다. 또한 실제 사용자의 의견과 경험을 참고하게 되므로 글의 완성도가 높아집니다.

실제로 망원 카메라 옵션을 아쉬워 하는 유저가 많은

사람들이 정말 궁금해하는 내용을 빠르게 확인할 수 있어요.

IT 유튜버의 후기 영상(출처: @gonago)

쿠팡 후기 참고하기

쿠팡은 네이버와는 다른 플랫폼이므로 비슷한 단어를 사용해도 네이버의 유사 문서에 걸리지 않습니다. 하지만 쿠팡 후기 역시 저작물이므로 함부로 사용해서는 안 됩니다. 내용을 그대로 가져오지 말고 글을 작성할 때 참고만 하세요.

쿠팡 후기에서는 제품에 집중된 경험 위주의 글을 확인할 수 있습니다.

쿠팡의 제품 판매 페이지에서 확인할 수 있는 후기

공식 사이트의 상세 페이지 참고하기

상세 페이지는 제조사가 직접 작성한 제품 정보와 특장점을 담고 있습니다. 특히 자신이 사용한 제품의 강점과 경쟁 업체와의 차이점을 빠르고 정확하게 비교하기에 좋습니다.

오픈마켓이나 네이버 스마트스토어는 업로드 용량 제한 때문에 약식으로 줄인 상세 페이지를 게재한 경우가 많으므로, 전체 버전의 상세 페이지를 확인하려면 공식 웹사이트에 방문해 보세요.

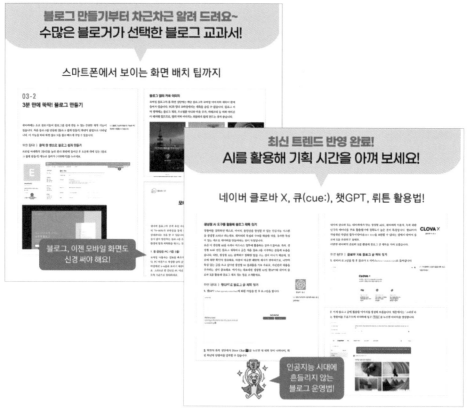

이지스퍼블리싱 책의 상세 페이지

제품/서비스를 사용해 본 경험 정보를 다양한 곳에서 확인한 뒤 블로그에 글로 작성하는 연습을 꾸준히 하면 빠른 시간 내에 완성도 높은 정보를 제공하는 데 도움이 됩니다.

03-4 조회 수 상승의 비결

#콘텐츠기획 #뉴스캡처 #AI이미지 #섬네일

아무리 많은 시간과 정성을 들여 글을 작성했다고 해도 결국 보는 사람이 있어야 블로그를 지치지 않고 운영할 수 있습니다. 내가 작성한 글이 더 많은 사람에게 퍼지게 하려면 어떻게 해야 하는지 알아보겠습니다.

중복 문서에 걸리지 않는 이미지 활용하기

중복 문서에 걸리면 글이 누락돼 검색 결과에서 나타나지 않으므로 조회 수를 늘릴 수 없습니다. 하지만 뉴스를 가공해 사용하거나 AI가 그린 이미지를 활용하면 중복 문서에 걸리지 않으면서 글의 완성도까지 높일 수 있어 조회 수를 늘리기 편합니다.

1. 유튜브의 뉴스 영상 캡처해 사용하기

뉴스와 같이 사회 이슈를 다룰 땐 사용할 수 있는 사진의 개수가 제한될 수밖에 없습니다. 이럴 때는 MBC, KBS, SBS 등 공식 뉴스 채널에 올라온 뉴스 영상을 캡처해 사용하세요. **웨일 브라우저**를 사용하면 영상을 바로 캡처하고 모자이크 처리도 할 수 있습니다. 뉴스를 캡처해 사용하면 사회 이슈를 소개하며 문제 해결을 돕는 글을 작성할 때 활용도가 높습니다. 캡처한 사진을 삽입할 때는 출처를 밝혀 신뢰성을 확보하세요.

웨일 브라우저

뉴스 영상 캡처 예시(출처: MBC 뉴스데스크)

2. AI가 그린 이미지 사용하기

AI를 이용하면 아무도 사용한 적 없는 새로운 이미지를 만들 수 있으므로 저작권이나 중복 이미지 제한으로부터 자유롭죠. 무료 이미지 생성 AI 도구인 **뤼튼**을 활용해 보세요. 간단하게 내가 원하는 이미지를 만들 수 있습니다.

뤼튼

📝 더 많은 생성형 AI 프로그램을 알아보고 싶다면 《된다! 생성형 AI 사진 & 이미지 만들기》를 참고하세요.

뤼튼으로 만든 이미지 예시

사진 크기 통일하기

네이버에서 정보를 검색할 때 모바일 환경을 이용하는 경우는 60%가 넘습니다. 블로그 글을 작성할 때 사진 등을 모바일에서 편하게 볼 수 있도록 설정해야 합니다. 다음 3컷 중에서 어떤 비율이 가장 보기에 편한가요?

모바일 화면에서 3가지 사진 비율 비교하기

모바일 환경에서 가장 **적절한 비율**은 16:9 또는 4:3입니다. 1:1 비율은 사진이 커서 눈에 잘 인식되지만 공간을 많이 차지해서 정보를 충분히 전달하려면 스크롤을 여러 번 내려야 한다는 단점이 있습니다.

알아 두면 좋아요! | 사람들의 반응이 좋은 사진의 공통점

사람들의 반응이 좋은 사진, 즉 클릭률이 높은 사진은 다음 2가지 공통점이 있습니다.

첫째, 고화질 사진입니다. 정보를 얻으려고 검색해서 들어왔는데 화질이 낮아 제대로 알아보기 힘들다면 만족도가 떨어지겠죠? 블로그의 글이 누락되는 가장 큰 이유로 픽셀이 모두 깨진 저화질 사진을 사용한다는 점이 자주 언급되고 있습니다.

저화질

고화질

둘째, 동물이나 사람이 나온 사진입니다. 체험단 활동으로 보습크림 후기를 쓴다고 생각해 봅시다. 제품만 나오는 사진과 사람이 직접 제품을 사용하는 사진이 있다면 어느 쪽에 더 시선이 갈까요? 무의식 중에 사람 쪽으로 더 눈길이 가게 될 것입니다.

제품만 나오는 사진

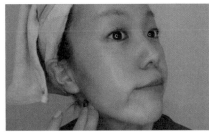
사람이 직접 제품을 사용하는 사진

즉, 사람이나 동물과 같은 생물이 노출된 고화질 사진을 사용할 때 사람들의 반응이 좋습니다.

섬네일에 텍스트 추가하기

이제 네이버 AI는 이미지에 들어 있는 글자도 비교적 정확하게 식별할 만큼 똑똑합니다. 정보를 주는 글이라면 섬네일에 글자를 넣으면 유입이 한결 많아집니다. 검색 결과에서 사람들의 클릭을 부를 수 있도록 섬네일에 글자를 넣어 보세요.

글자를 추가한 섬네일 예시(@jdml, @meaning87)

02장에서 사용해 봤던 미리캔버스를 이용한다면 글자 크기는 110포인트 이상으로 설정하세요. 중요한 단어는 포인트 색을 활용해 눈에 띄게 만들어 주면 좋습니다.

하면 된다! ╳ 미리캔버스로 섬네일 이미지 만들기

01 미리캔버스 웹사이트(miricanvas.com)에 접속해 [디자인 만들기(새 디자인 만들기)]를 클릭합니다.

02 ❶ [템플릿]을 클릭하고 ❷ 검색 창에 인터넷을 입력합니다.

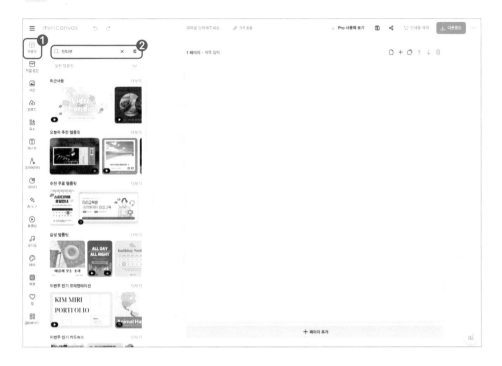

03 여러 가지 템플릿이 검색됩니다. 이 중 적당한 것을 클릭합니다. 여기서는 검색 결과 중 인터넷 창 모양의 템플릿을 활용해 보겠습니다.

04 템플릿을 수정합니다. 필요 없는 요소를 클릭하고 Delete 키를 누르면 삭제할 수 있습니다.

✏️ 만약 요소에 영문 글자 워터마크가 찍혀 있다면 그 요소는 유료 요금제를 결제해야 사용할 수 있다는 의미입니다. 요금제를 사용하지 않는다면 요소를 클릭해 삭제하세요.

05 ❶ 글자 부분을 더블클릭해 원하는 문구로 수정합니다. ❷ 제목이 될 문구는 110포인트로 설정합니다.

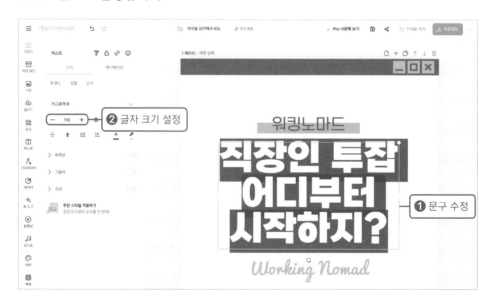

06 [Shift] 키를 누른 채 요소를 선택하면 여러 개를 한번에 선택할 수 있습니다. ❶ 글자를 모두 선택한 후 ❷ 왼쪽의 메뉴에서 [정렬]을 클릭합니다. ❸ [가운데]와 [세로 간격 맞추기]를 차례로 클릭하면 알맞은 위치로 정렬할 수 있습니다.

이렇게 블로그를 구성해 두면 점차 방문자 수가 늘어나는 경험을 해볼 수 있을 거예요. 필자도 처음 블로그를 키울 때 이 방법을 활용했답니다!

필자의 섬네일과 블로그 글

글 작성 시간, 효율적으로 관리하세요!

글을 잘 쓰려면 오랜 시간 공을 들여야 합니다. 하지만 시간을 오래 쓰다 보면 지쳐서 꾸준히 블로그를 운영할 수가 없죠. 그래서 필자는 타이머를 설정해 두고 시간에 맞춰 글을 작성하는 연습을 합니다.

글 하나를 작성하는 시간을 40분 정도에 맞춰 보세요. 이때 시간을 재는 도구를 사용하면 좋습니다. 글 쓰는 시간을 잴 때는 처음부터 끝까지 한번에 하지 말고, 구간을 4개로 나누어 한 구간이 시작될 때마다 스톱워치를 원점으로 맞추고 다시 이어서 작성하는 것이 좋습니다. 또한 4개 구간의 시간을 균등하게 나누기보다는 글을 쓰면서 구간마다 최대 몇 분 정도 필요한지를 파악하고 적정 시간대를 정하는 것을 추천합니다.

글쓰기 시간 관리 전략 – 구간 나누기

스트레스를 받으면 일이 진척되지 않고 자꾸 늦어집니다. 구간별 시간 관리로 지연되는 구간을 파악하고 시간을 줄이기 위해 노력하면 곧 정해진 시간 내에 완성도 높은 글을 작성할 수 있습니다. 다음 표는 4개 구간별 목적과 내용을 정리한 것입니다.

구간	목적	내용
1구간	정보 파악	제품 검색으로 내용을 미리 파악합니다.
2구간	글 작성	내용을 작성합니다. 편집 구간이 따로 있으니 이 구간에서는 중간에 멈추지 말고 내용만 계속 작성하세요. 블로그 앱에서 음성 입력을 사용하는 것도 시간 절약에 도움이 됩니다.
3구간	사진 삽입	글 사이사이에 시각적으로 도움이 되는 사진을 삽입합니다. 사진은 편집해 삽입하세요.
4구간	오타 수정	발행하기 전에 마지막으로 오타와 구어체에서 오는 어색한 부분을 수정합니다. 최종 편집이 완료되면 글을 발행합니다.

타이머 이용하기

시간을 재는 도구 가운데 필자가 사용하는 무료 앱을 소개하겠습니다. 플레이 스토어에서는 '비주얼 타이머'를, 앱 스토어에서는 '얼티밋 포커스' 앱을 내려받으면 됩니다. 비주얼 타이머 앱은 시간을 시각화해 목표 달성을 돕는 도구로 활용하기에 좋은데요. 구글에서 시간 관리를 할 때 사용하는 것으로 유명한 '타임타이머'와도 비슷한 모양을 하고 있답니다.

플레이 스토어에서 내려받는 '비주얼 타이머'

앱 스토어에서 내려받는 '얼티밋 포커스'

스톱워치를 사용하면 실제 남은 시간이 빨간색으로 표시됩니다.

비주얼 타이머 앱을 연 모습

04

알고 가면 쉽다!
체험단 입문자 완벽 가이드

블로그 글쓰기, 이제 감이 좀 잡혔나요? 그렇다면 이제는 체험단의 세계로 입문해 볼 차례입니다. 블로그 체험단에 참여하면 제품/서비스의 질을 향상하는 데 기여하는 책임감 있는 경험을 해볼 수 있습니다. 제품을 직접 체험하고 평가함으로써 사람들의 구매 결정에 영향을 미치기 때문입니다. 그럼 체험단의 종류와 신청 방법, 매장 방문 전 꿀팁까지 함께 알아봅시다!

04-1 체험단의 5가지 종류

04-2 체험단 선정을 위한 블로그 구성하기

04-3 체험단 웹사이트 가입하고 내 블로그 연결하기

04-4 쉽게 선정될 수 있는 체험단 찾기

04-5 첫 체험단이라면 주의해야 할 2가지

04-6 체험단 방문 전이라면 준비는 이렇게!

상위 1% 블로그의 비밀 | 우리 집을 스튜디오로 바꾸는 2가지 아이템
— 배경지 & 조명과 거치대

04-1 체험단의 5가지 종류

#체험단 #방문체험단 #제품체험단 #구매평체험단 #협찬 #서포터즈 #기자단

2019년 실시한 한국소비자원의 조사에 따르면, 93.8%의 소비자가 쇼핑몰에서 제품/서비스를 구매하기 전 후기를 확인합니다. 이는 구매를 결정할 때 후기를 가장 중요하게 생각한다는 것을 의미하므로 업체는 대부분 후기를 작성해 줄 체험단을 구합니다.

제품/서비스의 체험 후기가 쌓이면 업체는 제품 홍보는 물론 소비자의 솔직한 의견을 얻을 수 있으며, 블로거는 신제품을 먼저 체험하고 다양한 경험을 나눌 수 있습니다. 업체와 상호 협의해 필요한 정보를 제공하는 체험단은 서로에게 유익한 마케팅 방법입니다.

내게 맞는 체험단은 무엇일까?

체험단이라고 하면 직접 방문해 체험하고 후기를 작성하는 것이라고 생각할 수 있습니다. 하지만 사실 체험단은 크게 5가지 종류가 있답니다! 어떤 것들이 있는지 함께 알아볼까요?

방문 체험단

주로 식당, 뷰티 및 미용 업체, 원데이 클래스 등에서 모집합니다. 업체를 직접 방문해 체험한 뒤 자신의 블로그에 후기를 작성합니다.

방문 체험단의 예시

제품 체험단

제품을 직접 체험하고 나서 자신의 블로그에 후기를 작성합니다. 제품 체험단은 크게 2가지로 구분합니다.

❶ **배송형 체험단**: 업체에서 블로거에게 발송한 제품을 사용한 뒤 자신의 블로그에 후기를 작성합니다. 가장 일반적인 형태의 체험단입니다.

❷ **구매형 체험단**: 블로거가 지정된 링크에서 제품을 직접 구매해서 사용한 뒤 자신의 블로그에 후기를 작성하고 나중에 사용한 금액을 돌려받는 형태입니다. 구매 링크는 업체에서 전달하는데 적립금이나 쿠폰 사용에 제한이 있는 경우가 많아 꼼꼼히 확인해야 합니다.

배송형 체험단의 예시

구매형 체험단의 예시

협찬

제품/서비스를 체험하고 자신의 블로그에 후기를 작성하는 대가로 현금을 지급받는 형태입니다. 업체에서 블로거에게 직접 의뢰해 진행하는 경우가 많습니다.

협찬의 예시

서포터즈

특정 브랜드나 기업 홍보를 위해 그룹으로 운영합니다. 브랜드의 가치와 메시지를 주류로 확산하는 역할을 하며, 한번 선정되면 최소 2주~3개월 간 제품/서비스를 제공받아 자신의 블로그에 후기를 작성합니다.

서포터즈의 예시

기자단

업체에 직접 방문하지 않고 전달받은 내용을 참고해 자신의 블로그에 후기를 작성하는 형태입니다. 활동이 끝나면 바로 현금이 지급되는 경우가 많아 초보 블로거가 선호합니다. 기자단은 콘텐츠를 직접 작성하는지 여부에 따라 2가지로 나눕니다.

❶ 작성형 기자단: 업체에서 제공하는 기본 가이드라인과 사진을 참고해서 자신만의 언어로 후기를 작성합니다.

❷ 전달형 기자단: 업체에서 전달받은 사진과 원고 그대로 자신의 블로그에 업로드합니다.

기자단의 예시

어느 정도의 기간으로 활동하고 싶나요? 직접 방문하기를 원하나요, 원하지 않나요? 알맞은 형태를 골라 체험단으로 활동해 보세요.

체험단 후기를 너무 많이 작성하면 저품질 블로그가 된다는 이야기를 들어본 적 있나요? 하지만 걱정할 필요 없습니다. 다양한 블로그 대행사와 전문가의 대답은 '아니요'이기 때문입니다. '직접 사용하지 않은 제품 후기를 거짓말로 작성하는 것', '중복된 사진 사용'이나 '내용의 반복'과 같이 네이버에서 제한하고 있는 요건에만 해당하지 않으면 됩니다.

네이버 전체 수입의 70%는 업체에서 지불하는 광고비이므로 업체가 네이버 채널에서 광고를 많이 하고 매출을 낼수록 네이버에는 이득입니다. 그래서 인플루언서 제도를 만들고 업체와 매칭 역할을 하는 '브랜드 커넥트'라는 서비스도 제공하고 있는 것이죠.

네이버는 협찬과 체험단 활동을 인정하는 방향으로 나아가고 있으며, 상위에 고정으로 노출되는 블로거 또한 날마다 협찬과 체험단 글을 작성하고 있습니다. 그러니 안심하고 네이버의 정책과 규정을 지키며 글을 작성하면 됩니다.

네이버에서 제공하는 체험단 매칭 서비스인 '브랜드 커넥트' 소개

04-2 체험단 선정을 위한 블로그 구성하기

#블로그구성   #사진연출   #본문스타일   #공지사항

업체는 제품/서비스를 홍보하고 마케팅 메시지를 전달할 목적으로 체험단을 모집하므로 왕성하게 활동하면서 영향력 있는 블로그를 선호합니다. 하지만 이러한 기준이 체험단 블로그를 선별하는 절대 조건은 아닙니다.

체험단 마케팅의 실무와 관리를 13년 넘게 담당했던 필자의 경험에 비추어 봤을 때 업체는 고객의 의견, 사진이나 동영상과 같은 마케팅 자료를 확보할 목적으로도 체험단을 모집합니다. 따라서 이런 관점으로 블로그를 구성하면 규모가 크지 않더라도 체험단에 선정될 수 있습니다.

블로그 글, 최소 10개 이상 작성하세요!

체험단을 선정할 마케터는 대부분 PC 환경에서 블로그를 방문합니다. 이때 블로그의 전체 분위기와 주제를 한눈에 알아볼 수 있어야 하므로, 자신의 글 작성 스타일과 블로그의 색깔을 보여줄 수 있는 글을 10개 이상 준비해야 합니다.

주제와 관련된 제품을 주변에서 찾아본 뒤 그 제품에 대한 글을 작성해 보세요. 만약 맛집을 주제로 잡았다면 오늘 자신이 방문한 맛집을 소개하는 내용을 작성하고, 뷰티를 주제로 잡았다면 최근에 구입한 제품 이야기를 적으면 됩니다. 깔끔한 구성과 콘텐츠 편집 능력이 돋보이도록 신경 써서 작성하는 것이 좋습니다.

목표로 하는 주제의 체험단에 선정되려면 우선 자신이 사용하는 제품으로 후기를 작성하여 콘텐츠를 쌓아 둬야 합니다. 글은 한꺼번에 몰아서 발행하지 말고 하루나 이틀 정도 간격을 두고 지속해서 발행하세요. 매일 작성하는 것이 어렵다면 미리 글을 작성해 두고 예약 발행해 꾸준히 운영하는 블로그라는 점을 어필할 수 있습니다.

어떤 체험단에 참여하려고 하나요? 내가 선정되고 싶은 체험단의 주제는 무엇인가요? 예시를 참고해 어떤 내용으로 글을 발행할지 정리해 보세요.

주제	맛집
발행 일정	**글 내용**
10/1	오늘 방문한 맛집 소개

내 주제를 보여주는 공지사항을 설정하세요!

10개의 글을 모두 채웠다면 그중에 블로그의 주제와 나의 전문성을 가장 잘 드러낼 수 있는 글을 2개 정도 골라 공지사항으로 설정하세요. 블로그에서 공지사항은 눈에 잘 띄는 상단에 노출되어 블로그 방문자의 시선을 사로잡습니다. 여기에 나를 알리는 글을 설정해 두면 클릭해 볼 확률이 높아지겠죠?

공지사항을 너무 많이 설정하면 집중도가 떨어지고, 한 개만 설정하면 눈에 띄지 않아 블로그 콘셉트를 어필하는 데 충분하지 않습니다. 공지사항 제목은 눈길을 끌 수 있도록 신경 써서 정하세요. PC와 모바일 환경에서 블로그 공지사항을 설정하는 방법을 알아보겠습니다.

눈에 띄는 위치에 노출되는 공지사항

하면 된다! } PC에서 블로그 공지사항 설정하기

01 작성해 둔 10개의 글 중에서 가장 마음에 드는 글을 고른 다음 ❶ 글 제목 오른쪽의 [수정하기]를 선택합니다. ❷ [발행]을 클릭한 후 ❸ [공지사항으로 등록]에 체크하고 ❹ [발행]을 클릭합니다.

중요한 글은 처음부터 공지사항으로 등록하세요.

02 블로그 첫 화면에서 공지사항으로 설정된 것을 확인합니다.

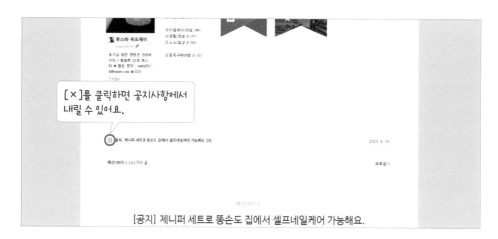

[공지] 제니퍼 세트로 똥손도 집에서 셀프네일케어 가능해요.

하면 된다! 〉 모바일에서 블로그 공지사항 설정하기

01 모바일에서는 공지사항 설정이 더 간단합니다. ❶ 공지사항으로 올릴 글의 오른쪽 상단의 ⋮ 버튼을 눌러 [공지로 등록]을 선택합니다. ❷ 메인 화면에서 공지사항(NOTICE)으로 설정된 것을 확인합니다.

02 공지사항을 내리고 싶을 때는 다시 오른쪽 상단의 ⋮ 버튼을 눌러 [공지 내리기]를 선택하세요.

보기 어려운 글, 가독성을 높여 보세요!

업체에서 체험단을 운영하는 목적은 광고할 때 사용할 콘텐츠를 확보하는 것입니다. 실제로 사용한 후기 사진은 가장 중요한 광고 요소로 쓰이므로 블로그에서 업체의 결과 맞는 깔끔한 사진이나 동영상을 만드는 센스가 엿보인다면 더욱 좋습니다.

글을 작성할 때 다음 2가지 핵심 사항을 고려하면 체험단에 어렵지 않게 선정될 수 있습니다. 글로만 보면 파악하기 어려우니 한눈에 비교해 볼 수 있도록 이미지를 준비했습니다. 두 이미지를 비교해 보면서 어떤 차이점이 있는지 알아봅시다!

첫 번째 핵심! 깔끔한 콘텐츠

여러분은 둘 중 어느 쪽에 체험단 기회를 주고 싶나요? 딱 봐도 오른쪽 콘텐츠가 더 눈에 띕니다. 사진을 찍을 때 배경을 정돈하고 화질을 높여 제품이 돋보이도록 확대해서 찍으면 콘텐츠가 훨씬 깔끔해 보입니다.

제품이 잘 보이지 않는 저화질 사진

어느 비율로 잘라도 제품과 사용자가 잘 보이는 고화질 사진

정돈되지 않은 배경

정돈된 배경

두 번째 핵심! 적당한 배치

여러분은 둘 중 어느 쪽이 보기 편한가요? 이것 또한 오른쪽이 조금 더 보기 편합니다. 배치가 좋은 글은 읽는 사람이 편안함을 느낍니다. 글과 사진이 번갈아 나오도록 구성하고 중간중간 인용구나 스티커를 활용하면 깔끔하면서도 읽기 쉬운 글이 완성됩니다.

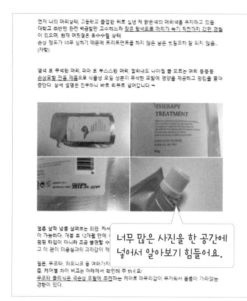

글자와 사진이 빽빽해 보기 어려운 글

배치가 적당해 보기 편한 글

04-3 체험단 웹사이트 가입하고 내 블로그 연결하기

(#리무브백그라운드) (#프로필이미지) (#레뷰) (#채널연결)

앞에서 체험단에 잘 선정될 수 있도록 자신의 블로그를 구성하는 방법 3가지를 알아보았습니다. 준비도 마쳤으니 이제 본격적으로 체험단 웹사이트를 이용해 볼 차례입니다. 다음 순서대로 체험단 모집 웹사이트에 가입하고 자신의 블로그에 연결하는 방법을 소개하겠습니다.

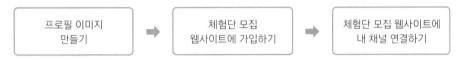

프로필 이미지 만들기 ➡ 체험단 모집 웹사이트에 가입하기 ➡ 체험단 모집 웹사이트에 내 채널 연결하기

눈에 띄는 프로필 이미지는 이렇게 만들어요!

내가 누구인지 소개하려면 어떻게 해야 할까요? 직장인이 자기소개를 할 때 명함이 필요하듯, 체험단을 모집하는 웹사이트에 이제 막 회원 가입한 블로거라면 **닉네임**과 **프로필 이미지**를 준비해야 합니다.

체험단을 신청할 때 사용하는 닉네임과 프로필 이미지는 개성 있으면서 눈에 띄게 설정하는 것이 좋습니다. 체험단을 모집하면 짧은 시간 동안 많은 사람이 지원하는데, 선정 과정에서 지원자 목록을 보면 유독 눈에 띄는 닉네임과 프로필 이미지가 있기 마련입니다. 방문자 수가 적어 영향력이 낮은 블로그일지라도 닉네임과 프로필 이미지가 강렬하면 어느 순간 눈에 익어서 기회를 주는 경우가 적지 않습니다. 프로필 이미지를 눈에 띄게 만들려면 이미지에서 가장 많은 부분을 차지하는 배경을 바꾸면 됩니다.

하면 된다! ⟩ 눈에 띄는 프로필 이미지 만들기

배경이 마음에 들지 않거나 복잡해 보일 때 수정하는 방법을 알아봅시다. 무료로 이미지의 배경을 지워 주는 **리무브 백그라운드**로 프로필 이미지를 만들어 보겠습니다.

◆ remove bg

리무브 백그라운드

01 먼저 복잡한 배경을 지워 보겠습니다. **리무브 백그라운드**(remove.bg)에 접속해 [이미지 업로드]를 클릭한 뒤 프로필에 사용할 사진을 선택합니다.

02 이미지를 업로드하는 동시에 배경이 제거되면서 투명해집니다. [+배경]을 클릭하면 오른쪽에 여러 배경 이미지가 나오는데, 원하는 이미지를 클릭하면 왼쪽 창에 적용되어 나타납니다. 이 중에서 업로드한 사진과 잘 어울리고 눈에 띄는 배경을 선택합니다.

03 설정이 끝났으면 [완료 → 다운로드]를 클릭해 이미지를 내려받습니다.

완성한 이미지는 체험단 모집 웹사이트에 가입하고 프로필 이미지로 활용해 봅시다.

시작! 체험단 모집 웹사이트에 가입하기

체험단을 모집하는 웹사이트는 매우 다양합니다. 우선 국내에서 가
장 대표적인 레뷰(REVU)에 가입해 보겠습니다.

레뷰

✏️ 다른 체험단 모집 웹사이트도 같은 방법으로 회원 가입을 하면 됩니다.

하면 된다! 〉 레뷰 회원 가입하기

01 레뷰(revu.net)에 접속한 후 오른쪽 상단의 [로그인]을 클릭합니다.

02 이메일이나 닉네임 등을 직접 입력할 수도 있지만, 체험단 웹사이트에 가입
할 땐 네이버 로그인(또는 SNS 로그인)을 이용하는 것이 가장 편리합니다. ❶ 레뷰
로그인 화면의 [SNS 계정으로 시작하기] 오른쪽에 있는 Ⓝ 아이콘을 클릭합니
다. ❷ [네이버 로그인] 창이 나타나면 [동의하기]를 클릭해 레뷰와 연결합니다.

03 [네이버 아이디로 회원가입]을 클릭하세요.

04 ❶ 레뷰에서 사용할 이메일과 닉네임을 입력합니다. 레뷰의 닉네임은 블로그 닉네임과 동일하지 않아도 괜찮습니다. 자신의 개성과 연결되고 눈에 잘 띌만한 닉네임을 설정하면 됩니다. 이메일 인증을 끝내고 닉네임도 다 입력했다면 ❷ [회원 가입]을 클릭합니다.

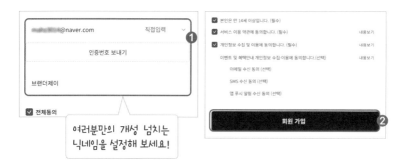

여러분만의 개성 넘치는 닉네임을 설정해 보세요!

05 회원 가입이 끝났습니다. [서비스 이용하기]를 클릭해 메인 화면으로 이동합니다.

다음으로 프로필 이미지를 앞서 만든 이미지로 바꾸고 기본 정보도 수정해 봅시다.

하면 된다! } 레뷰에서 프로필 이미지 바꾸기

01 메인 화면에서 오른쪽 상단의 프로필 아이콘을 클릭합니다.

02 설정 창이 나타납니다. 프로필 아이콘 아래로 보이는 📷 버튼을 클릭해 앞서 만든 프로필 이미지로 바꿉니다.

03 프로필 이미지가 설정됐습니다.

하면 된다! } 레뷰에서 기본 정보 수정하기

01 레뷰 메인 화면에서 오른쪽 상단의 프로필 아이콘으로 마우스 커서를 가져다 댄 후 [내 정보]를 선택합니다.

02 ❶ [내 정보] 화면에서 [추가 정보] 탭을 클릭하고 ❷ [미디어 정보] 아래에 자기소개를 간단히 입력합니다.

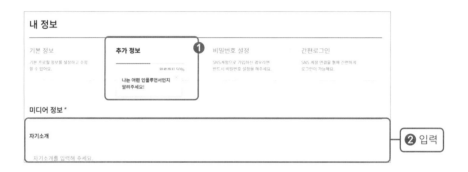

03 ❶ [관심사]에서 내 블로그와 같은 주제를 선택한 뒤 ❷ [주 활동정보]에서 실제 활동하는 지역을 선택합니다.

내 블로그와 같은 주제를 선택하세요.

내 SNS, 하나로 모아 보여주세요!

체험단을 모집하는 웹사이트에서 참여 신청을 하려면 우선 자신의 SNS 계정을 연결해야 합니다. 블로그로 체험단에 참여하려면 내 블로그의 주소를 꼭 등록해 두세요.

하면 된다! 〉 레뷰에서 내 블로그 연결하기

01 레뷰 메인 화면에서 오른쪽 상단의 프로필 아이콘으로 마우스 커서를 옮긴 뒤 [내 정보]를 선택합니다.

02 오른쪽 상단에서 [미디어 연결] 아래의 블로그 아이콘을 클릭합니다.

03 ❶ [블로그 연결하기] 아래의 [연결하기]를 클릭합니다. ❷ [블로그 연결] 창에서 내 블로그의 주소를 입력한 뒤 ❸ [연결하기]를 클릭합니다.

04 채널이 연결되면 해당 칸의 문구가 [블로그 연결완료]로 바뀌고 블로그 아이콘의 색도 초록색으로 바뀝니다.

04-4 쉽게 선정될 수 있는 체험단 찾기

#체험단찾기 #오픈채팅 #키워드알림 #커뮤니티가입 #지역서포터즈

체험단은 웹사이트 외에도 다양한 플랫폼에서 모집하고 있습니다. 잘 알려진 웹사이트에서 경쟁률이 높은 체험단도 다른 플랫폼에서는 선정될 가능성이 생깁니다. 비교적 쉽게 선정될 수 있는 체험단을 찾는 방법 8가지를 소개합니다.

📝 필자가 직접 모아 둔 '체험단 신청 웹사이트 모음집'을 드려요! 이지스퍼블리싱 웹사이트에서 다운로드해 보세요.

숨어 있는 체험단을 찾는 8가지 방법

선정될 확률이 높은 체험단 모집 글은 어디에 숨어 있을까요? 필자의 경험을 바탕으로 정리한 노하우를 모두 알려드립니다. 다음 8가지 방법을 따라 하면서 더 많은 체험단을 찾아보세요.

방법 1. 카카오톡 오픈 채팅방에서 체험단 찾기

카카오톡 오픈 채팅방에서도 체험단을 찾을 수 있습니다. 카카오톡 앱에서 [오픈채팅]을 선택한 후 상단의 [검색]을 누르고 오픈 채팅방 검색 창에 **체험단**을 입력해 보세요. [그룹채팅 → 필터]를 눌러 [참여코드 채팅방 제외]에 체크하면 바로 참여할 수 있는 채팅방만 검색됩니다.

카카오톡 오픈 채팅방의 검색 기능

활발하게 활동 중인 체험단 모집 오픈 채팅방

오픈 채팅방에서는 모집 업체가 올리는 채팅을 블로거들이 확인하면서 자신이 원하는 체험단에 바로 신청하는 모습을 볼 수 있습니다. 하루에도 수많은 모집 글이 올라오지만 반복되는 경우가 많고 여러 개의 방에 중복된 내용이 올라오기도 하니, 가장 활발하게 운영되는 2~3개 정도만 선택해서 활동해 보세요.

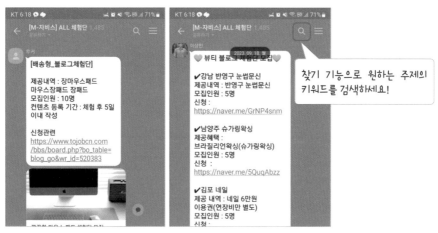

수많은 모집 글이 올라오는 오픈 채팅방

방법 2. 키워드 알림 설정으로 특정 체험단 소식만 받기

오픈 채팅방에서 모집하는 체험단은 짧은 시간 동안 수백 건이 올라오므로 모두 확인하기 어렵습니다. PC 카카오톡의 카카오톡 키워드 알림 설정 기능을 이용해서 원하는 체험단만 빠르게 확인하는 방법을 알아보겠습니다.

하면 된다! ͡ 카카오톡 키워드 알림 설정하기

01 ❶ 카카오톡 메인 화면 하단의 [더보기]를 눌러 화면이 나타나면 ❷ 오른쪽 상단에서 ⚙ 아이콘을 누르고 ❸ [알림]을 선택합니다.

02 [키워드 알림 → 추가]를 선택하고 아래에 키워드를 입력합니다. 관심 있는 키워드를 최대 20개까지 등록할 수 있습니다. 자신이 방문할 수 있는 지역명이나 참여하고 싶은 체험단을 등록하세요.

03 이제 오픈 채팅방에서 해당 키워드가 들어 있는 글이 올라오면 알림을 보내 줍니다.

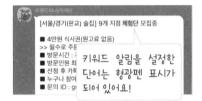

3. 업체가 직접 모집하는 웹사이트에서 체험단 찾기

규모가 작은 1인 사업장의 체험단은 대부분 경쟁률이 낮아 초보 블로그도 선정될 확률이 높습니다.

대표적으로 **투잡커넥트**(tojobcn.com)에서 이런 체험단을 모집합니다. 투잡커넥트에는 식당, 미용실 체험단 모집이 활발하지만 제품 체험단도 자주 올라옵니다. 주로 업체에서 직접 모집하고 선정하므로 모집 기간이 길고 답변도 느린 편이라는 단점이 있습니다.

업체에서 직접 체험단을 모집하는 '투잡커넥트'

방법 4. 인스타그램에서 체험단 찾기

체험단 모집 웹사이트도 인스타그램에서 자체 계정을 운영합니다. 인스타그램에서 **체험단모집**을 검색하면 다양한 공식 계정을 확인할 수 있습니다. 한 달에 한 번 정도 검색해서 신규 계정이 생겼는지 살펴보세요.

체험단 모집 웹사이트에서 운영하는 인스타그램 계정

방법 5. 네이버 검색으로 체험단 찾기

모든 체험단 모집 글이 웹사이트에 올라오지는 않습니다. 업체 공식 블로그나 카페에만 올라오는 경우도 있으니 사용해 보고 싶은 제품이 있다면 정기적으로 검색하는 습관을 들여 보세요.

네이버에서 **내가 원하는 주제 + 체험단 모집**을 검색하고, 검색 결과가 나오면 [블로그] 탭을 클릭합니다. 대부분의 체험단은 모집 기간이 10일 미만이므로 [옵션 → 기간]을 1주로 설정한 다음 모집 글에 들어가 조건을 확인하고 지원하면 됩니다.

네이버 검색으로 웹사이트에 올라오지 않는 체험단 찾기

방법 6. 지역 온라인 홍보단 참여하기

최근 국내 지방자치단체에서는 관광, 여행, 문화 등 다양한 즐길 거리를 소개하는 지역 온라인 홍보단(서포터즈)을 모집해서 활발하게 진행하고 있습니다. 대부분 분기 또는 반기로 나누어 모집하는데, 자신이 거주하는 지역의 소식을 홍보하면서 여러 혜택까지 받을 수 있어 인기가 많습니다.

지역 온라인 홍보단은 지자체의 SNS 홍보 콘텐츠를 제작해서 월 1~2회 발행합니다. 최소 6개월 동안 지역 행사가 있을 때 현장을 방문하여 취재하고 SNS에 소개하는 활동을 하는데, 활동비가 별도로 지급되는 경우가 많습니다. 서포터즈로 선정되면 위촉장과 명찰이 수여되고, 우수 활동자에게는 추가로 상금까지 지급됩니다.

지역명 + 서포터즈 모집 혹은 **지역명 + 홍보단 모집**처럼 키워드를 조합해서 검색해 보세요. 반기로 모집하는 홍보단은 [옵션 → 기간]을 6개월로 설정해 찾으면 됩니다.

지역 온라인 홍보단 모집 글 찾기

방법 7. 새로운 체험단 모집 앱 찾아보기

구글 플레이스토어나 앱스토어에서 **체험단**을 검색해 보세요. 이전에는 보이지 않았던 새로운 체험단 모집 앱을 찾을 수 있습니다. 체험단 모집 앱은 대부분 새로운 모집 글이 올라올 때 알림을 보내주는 기능을 제공하므로, 하루에도 수십 번 들어가 확인해야 하는 체험단 모집 웹사이트보다 편리합니다. 컴퓨터보다 스마트폰으로 정보를 확인하는 것이 좋다면 체험단 모집 앱을 활용해 보세요!

구글 플레이스토어   애플 앱스토어

8. 체험단 모음 웹사이트 활용하기

다양한 플랫폼에 흩어져 있는 체험단 모집 정보를 모아둔 공간도 있습니다. **모아스픽**(moaspick.com)에서는 자사 몰, 블로그, 카페 등에 분산되어 있는 체험단 정보를 키워드로 빠르게 찾아줍니다. 언뜻 보면 체험단을 직접 모집하는 사이트처럼 보일 수 있지만, 해당 체험단을 모집하는 웹사이트로 연결해 주는 역할만 하므로 체험단을 바로 신청할 수는 없습니다. 어떤 체험단인지 확인한 뒤 모집하는 사이트에 각각 들어가서 회원 가입을 하고 신청하면 됩니다.

다양한 플랫폼의 체험단 모집 정보를 한꺼번에 보여주는 '모아스픽'

뷰티 블로그를 운영하고 있나요? 필자의 경험을 바탕으로 정리한 2가지 팁을 공개합니다.

1. 화장품 체험단 모집 글만 찾기

네이버 카페, 밴드와 같은 커뮤니티에서는 체험단을 직접 운영하는 곳이 많습니다. 특히 체험단 모집만을 목적으로 운영하거나, 정기적으로 업체의 의뢰를 받아 체험단을 모집하는 곳도 있습니다. 이러한 커뮤니티에 회원 가입해 열심히 활동하면 체험단에 선정될 확률이 더 높아집니다. 대표적인 예로 네이버 뷰티 커뮤니티인 파우더룸(cafe.naver.com/cosmania)에는 매주 화장품 체험단 모집 글이 다양하게 올라옵니다. 자신의 블로그 주제와 '체험단' 키워드를 조합하고 검색해 보세요.

다양한 화장품 체험단을 모집하는 네이버 카페 '파우더룸'

2. 우리 동네 미용실 체험단 모집 업체 한번에 보기

특정 지역이나 세부 주제에 맞게 운영하는 체험단 모집 웹사이트도 있습니다. 허니뷰(hnvu.co.kr)는 지역에 기반을 둔 뷰티, 식당, 네일의 방문형 체험단을 상시 모집합니다.

지역별로 모집 중인 체험단을 확인할 수 있는 '허니뷰'

04-5 첫 체험단이라면 주의해야 할 2가지

#주의사항   #제공내역   #마감기한   #과대광고   #법위반

체험단에 처음 참여하면 어느 부분부터 준비하고 챙겨야 하는지 정확하게 알지 못해 당황하기 마련입니다. 제공 내역에서 체크해야 하는 부분과 글을 작성할 때 주의해야 하는 체험단의 종류를 알아보겠습니다.

제공 내역을 꼼꼼하게 살펴보세요!

체험단을 신청하기 전에 제공되는 내역을 꼼꼼하게 확인하세요. 만약 식당에서 가장 저렴한 메뉴가 3만 원대인데 블로거에게 제공되는 식사권이 2만 원짜리라면 추가 지출도 생각해야 합니다. 게다가 음식의 맛이 없었는데 협찬 문구도 넣고 후기도 잘 써줘야 하는 경우가 발생할 수 있습니다. 그러므로 업체를 방문하기 전에 네이버에서 업체명을 검색하여 등록된 메뉴판과 최근 블로그 후기 글을 확인하세요.

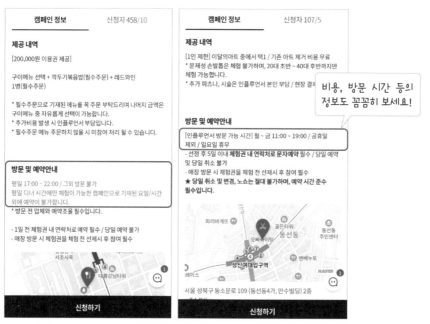

체험단 가이드에서 살펴봐야 할 제공 내역

제품 체험단, 이 주제는 주의하세요!

의료법, 보건법 등 법을 위반할 여지가 있는 체험단은 신중하게 참여해야 합니다. 주의가 필요한 제품 체험단을 크게 4가지로 나누어 알아보겠습니다.

1. 뷰티, 미용, 시술

제품의 사용 전후 비교가 필요한 뷰티, 미용, 시술 후기를 작성할 때는 자칫 법에 저촉될 소지가 있어 주의해야 합니다. 특히 제품명에 '안티에이징'처럼 사용해선 안 되는 단어가 포함되거나 '화장품 사용 후 주름이 옅어졌다'는 식으로 주관적인 내용을 작성하면 과대 광고로 처벌을 받을 수 있습니다. 한 가지 제품으로 얻은 효과가 아니라면 보정 등으로 사람들을 현혹시키지 않도록 주의해야 합니다.

2. 건강기능식품과 의료기기

건강기능식품과 의료기기 분야에서는 임상 실험에서 얻은 결과를 글에 적어 달라는 요청이 가이드에 포함되어 있을 때가 많습니다. 하지만 의료 및 건강과 관련된 제품을 추천하는 것은 약사가 아니면 법으로 금지되어 있으며, 블로그에 이러한 내용을 기재하는 경우 의약법과 약사법에 저촉될 소지가 있으니 주의해야 합니다.

캠페인 정보   신청자 199/10

2. ★확인 및 주의사항★
- 으로 효능/효과에 대한 언급이 불가합니다. "성분에 대한 효능/효과"가 자칫 "제품이 가지는 효능/효과"로 오인하지 않도록 작성시 각별하게 유의바랍니다.
- 구강건강, 입냄새, 구취, 입냄새제거, 구강질환, 면역력, 염증개선, 충치예방, 치과치료, 치과의사추천, 치아에 도움을 주는, 잇몸영양제, 잇몸관리, 잇몸건강, 잇몸이 약한편, 과민성대장증후군 등의 단어 및 내용 기재 불가합니다.
- *특정 제품의 효능/효과에 대한 내용이 아닌 성분에 대한 건강정보입니다.* 안내문구를 상단에 기재해주세요.

캠페인 정보   신청자 291/20

* 해당 캠페인은 가이드라인를 꼭 확인 후 작성해야 하는 캠페인입니다.
- 선정된 회원님은 가이드 탭을 꼭 확인 후 작성 부탁드립니다.

1. 사진은 15장 이상 촬영해주세요. (제품 섭취 모습, 외관, 제형 다양하게)

2. 혈당이야기 언급 금지!!
- 애플사이다비니거, 애사비가 혈당관리로 유명한 점 알고 있습니다. 다만 ▒▒▒▒▒는 절대로 혈당관련 이야기가 나오면 안됩니다.

주의사항이 기재된 블로그 글 작성 가이드

3. 탈모, 병원, 건강, 영양제, 건강보조식품, 타투, 다이어트

이와 같은 주제로 체험단 후기를 작성할 때는 나도 모르게 의료법, 보건법을 위반할 수 있으므로 주의해야 합니다.

쓰면 안 돼요	써도 괜찮아요
'효과', '효능'이 있어요	제품이나 시술이 아닌 원료의 효능
상황이 개선되었어요	현재 상태 설명
병원명/의료진명/연락처/지도	-
의료 할인 정보	-
시술 중인 장면(주사 등)	시술 전후 얼굴 사진(일자 표기)
광고성 내용을 띤 것	-
추천, 인증, 보증을 언급	-

4. 렌즈/안경, 보험, 대출

그 밖에 체험단에 참여할 때 주의해야 할 주제를 정리했습니다. 렌즈/안경, 보험, 대출 후기를 작성할 때는 다음 내용을 참고해 법을 위반하지 않게 조심하세요.

분야	설명
렌즈/안경	- 현행법상 온라인 구매는 불법이며 판매 유도 행위도 허용하지 않습니다. - 오프라인 안경점은 언급할 수 있습니다.
보험	- 보험 비교를 할 수 없으며 보험사 자체 광고만 가능합니다. - 링크는 보험사 공식 웹사이트 주소만 넣을 수 있습니다.
대출	- 자신의 경험 위주로 작성하고 추천/권장 문구는 절대로 넣지 않습니다. - 불법 사이트의 홍보 글을 작성하는 것도 안 됩니다.

알아 두면 좋아요! | 사기 이메일에 속지 마세요!

블로그로 체험단에 참여하다 보면 의심스러운 이메일을 받습니다. 하지만 초보 블로거는 진짜 체험단 당첨 이메일인지 아닌지 구분하기 어렵죠. 사기꾼이 보낸 이메일은 어떻게 알 수 있을까요?

답장 전체답장 전달　　삭제　스팸차단　안읽음　　이동▾　더보기▾

[구매평 체험단] 20만 원 상당의 제품 체험단 제안 드립니다. ☑

보낸사람　influencer_scam@naver.com

받는사람　

2024년 7월 19일 (금) 오전 8:02

20만원 상당 식품 체험단 제안드립니다.
식품명은 정보 확인후 알려드립니다.
저희 사이트에서 선결제 후 후기를 작성하시면
지급한 금액을 돌려드립니다.
개인 계좌번호, 세금신고를 위한 신분증 사본 보내주세요.

이런 메일을 받으면 어떻게 해야 할까요?

체험단에 당첨된 것처럼 꾸며낸 사기 이메일 예시

발신자(보낸 사람)의 이메일 주소가 회사 도메인이 아니면 일단 의심해야 합니다. 개인 정보를 이용해 어떤 상황에 도용할지 알 수가 없기 때문입니다. 그러므로 제안에 응하고 싶다면 사업자등록증과 명함을 따로 요청하는 이메일을 보내세요. 만약 요청한 서류를 보내오지 않거나 선결제를 요청한다면 무조건 의심해야 합니다.

04-6 체험단 방문 전이라면 준비는 이렇게!

#방문전준비 #작성기한 #예약방법 #체험내용확인 #주의사항 #미니삼각대
#보조배터리

처음 체험단으로 선정되었다는 알림을 받으면 기쁨과 동시에 걱정이 앞섭니다. 매장에서 어떻게 소통할지, 촬영과 글 작성은 어떻게 할지 부담스럽기 때문인데요. 이런 상황에 대비해 먼저 체험단에 합격한 후 준비하는 과정을 순서대로 알아보겠습니다.

체험단 전체 과정은 합격 알림을 확인한 뒤 크게 **체험단 예약 → 매장 방문 → 촬영 → 글 작성**의 4단계로 진행되는데, 여기서는 매장 방문 전 미리 준비해야 할 내용 중심으로 소개합니다.

체험단 합격 알림에서 확인하자!

맛집, 미용실, 반지 제작 공방 등 매장 방문이 필요한 체험단에서는 선정되었음을 알려주는 체험단 모집 플랫폼의 이메일에 예약과 관련한 내용(가이드)을 적어서 보내줍니다. 신청하기 전에도 확인했지만, 다시 한번 꼼꼼하게 읽어 보세요. 가이드에서 꼭 살펴봐야 할 항목은 다음 3가지입니다.

체크 1. 체험 후기 작성 기한

업체에서 안내한 후기 작성 기한

체크 2. 예약 방법 확인하기

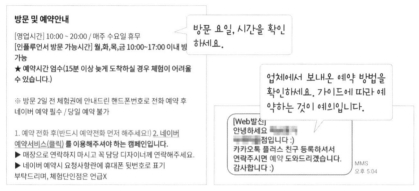

업체에서 예약할 것을 안내하는 문구와 메시지

체크 3. 2차적 이용 여부 확인하기

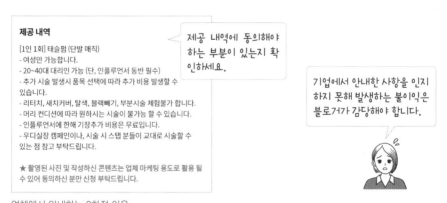

업체에서 안내하는 2차적 이용

업체 측에서 블로거에게 요구하는 부분을 꼼꼼하게 확인해야 합니다. 동의하지 않으면 업체에서 체험단 참여를 거부하는 경우가 대부분이니, 원하지 않는 내용이 있다면 체험단 웹사이트에 체험단 선정 취소를 신청하세요.

특히 레뷰 체험단은 출처를 표기하는 조건으로 업체가 블로거의 콘텐츠를 1년간 광고 목적으로 활용할 수 있으므로, 내 콘텐츠를 사용하는 것이 불편하다면 다른 사이트에서 체험단을 신청하는 것이 좋습니다.

> **알아 두면 좋아요! | 검증되지 않은 플랫폼의 체험단은 신청하지 마세요!**
>
> 간혹 구매형 체험단을 모집한 뒤, 제품 후기를 작성해도 돈을 돌려주지 않는 경우가 있습니다. 이를 방지하려면 구매형 체험단은 레뷰, 리뷰플레이스, 서울오빠 등 검증된 플랫폼에서만 신청하세요. 만일 개별적으로 받은 제안에 참여하고자 한다면 해당 업체의 사업자 등록증, 담당자 정보, 대화 내용을 증빙을 위한 자료로 남겨둬야 합니다.

매장 방문 전, 다른 사람의 사진을 참고하세요!

초보 블로거는 매장을 방문했을 때 무엇부터 찍어야 할지 몰라 걱정이 앞섭니다. 경험이 많지 않다면 다른 블로그의 발자취를 따라가 보는 것도 좋습니다. 나를 뽑아준 업체는 이전에도 체험단을 운영한 경험이 있을 것입니다.

네이버에서 해당 업체의 정보를 찾아 블로그 글을 확인하세요. 매장은 어떻게 생겼는지, 어떤 서비스를 제공하는지 등을 미리 확인하며 어디를 어떻게 찍을지 생각해 두세요. 현장에 방문했을 때 한결 편안한 마음으로 촬영하고 질문할 수 있습니다. 만약 나를 뽑아준 업체에서 체험단을 운영해 본 경험이 없다면 비슷한 메뉴를 판매하는 다른 매장을 참고하는 것도 좋습니다.

하면 된다! 〉 다른 사람의 글 벤치마킹하기

01 ❶ 네이버에 접속해서 방문할 매장명을 검색합니다. ❷ [블로그] 탭을 클릭해 상위에 노출된 글을 확인합니다.

02 후기 글을 통해 매장 구조, 사진 찍기 좋은 곳, 특이한 점을 미리 숙지하면 현장에서 촬영할 때 한결 익숙하게 느껴집니다.

블로그 후기 글을 통해 매장 구조, 사진 찍기 좋은 곳, 특이한 점을 미리 숙지하면 현장에서 촬영할 때 한결 익숙하게 느껴집니다.

체험단으로 매장을 방문할 때 주의할 점 3가지

손님이 아니라 체험단으로 매장에 방문한다면 당연히 주의해야 할 점이 있겠죠? 매장을 방문하기 전에 미리 알아 두면 좋은 3가지 주의사항을 알려드릴게요.

1. 예약 시간을 지켜 주세요

체험단 방문은 업체와 블로그 사이의 약속이므로 시간 약속을 꼭 지켜 주세요. 특히 네일아트와 같은 뷰티 업종은 1인 숍으로 운영되는 곳이 많으므로 시간이 밀리면 다른 손님에게도 피해를 끼칠 수 있습니다. 자동차를 이용한다면 주차에 소요되는 시간을 고려해 예약 시간 10분 전에 도착하는 것이 좋습니다.

2. 체험단이라는 사실을 알릴 필요는 없어요

매장에 도착하면 "2시에 예약된 OOO입니다"라고 첫인사를 나누세요. 체험단 운영에 선입견을 가진 손님이 매장에 있을 수 있으니 예약 시간과 이름만 간단히 말하고 안내를 받아 이동하면 됩니다.

업체에서 먼저 이야기하기 전에는 조용하게 체험에만 집중하세요. 나 또한 홍보를 위해 초대받은 손님이므로 굳이 체험단으로 왔음을 다른 사람에게 알릴 필요는 없습니다.

3. 매장에서 촬영할 때 찍힌 타인의 얼굴은 모자이크 처리하세요

현장에서 촬영하다 보면 주변 사람의 얼굴이 찍힙니다. 상대방이 직접 불만을 나타내지 않더라도 반드시 양해를 구하세요. 또한 글을 작성할 때는 사진 편집 도구를 사용해 타인의 얼굴을 모자이크 처리하세요. 매장 외부에서 지나가는 사람까지 우연히 촬영했더라도 꼭 지워야 합니다. 블로그의 기본 기능인 스마트에디터 ONE을 사용하면 간단하게 모자이크 처리할 수 있습니다.

하면 된다! } 스마트에디터 ONE으로 모자이크 처리하기

촬영할 때부터 되도록 모자이크로 처리할 요소를 제외하는 것이 좋습니다. 이미 촬영한 상황이라면 모자이크 강도를 더해 타인의 특징을 알아볼 수 없도록 확실하게 가려 주세요. 머리 색상, 문신, 특이한 액세서리 등 알아보기 쉬운 요소는 모두 가려야 합니다.

01 스마트에디터 ONE에서 사진을 업로드합니다. ❶ 업로드한 사진을 더블클릭하면 사진 편집 창으로 전환됩니다. ❷ 오른쪽의 [모자이크]를 클릭합니다.

02 ❶ 원하는 모자이크 모양을 선택하고 강도는 3 이상으로 설정합니다. ❷ 모자이크가 필요한 부분을 드래그합니다.

03 모자이크 처리가 끝나면 [완료]를 클릭해 사진 편집을 마무리하세요.

좋은 후기는 질문에서 나온다! 질문 주제 5가지

뷰티, 원데이 클래스 같은 체험단은 한자리에서 조용히 진행해야 하므로 사업주와 같은 공간에서 이야기하는 시간이 길어집니다. 이때 어렵지 않게 대화를 풀어가기 좋은 주제 5가지를 알아보겠습니다.

주제	질문
1. 제품/서비스에 대한 궁금증	제품의 특징이나 서비스의 장점을 더 자세히 알고 싶어요!
2. 블로그 글에 활용할 아이디어	사용 팁, 활용 방법 등 제품/서비스의 고유한 이야기를 들려 주세요.
3. 사업 비전이나 운영 이야기	대표님의 사업 배경, 철학, 미래 계획 등을 알고 싶습니다.
4. 고객 경험이나 피드백 공유	다른 고객/체험단의 반응은 어땠나요?
5. 향후 협업 가능성	앞으로 협업이나 제휴 가능성을 논의해 보고 싶습니다.

실제로 필자는 제품/서비스를 체험해 보고 사업주와 대화를 나누다가 제휴 마케팅으로 이어진 적도 있습니다. 제휴 마케팅은 내 블로그에 후기 글을 작성할 때 구매 링크를 함께 게재하고, 이 링크를 통해 구매가 이루어지면 일정 금액을 정산받는 형태입니다.

여러분도 한 번의 만남으로 끝내지 않고 블로거로서 업체와 협력할 수 있는 방안을 고민해 보세요.

✏️ 제휴 마케팅은 07장에서 자세히 설명합니다.

챙겨가면 도움이 되는 도구들

네일아트나 미용실 등 뷰티 체험단은 체험의 특성상 손을 자유롭게 쓰기 어려워서 원하는 만큼 촬영을 하지 못할 때가 많습니다. 이때 **미니 삼각대**를 가져가면 한결 수월합니다. 스마트폰을 삼각대에 올리고 카메라의 타이머 기능을 사용해서 촬영해 보세요. 동영상으로 촬영하면 영상으로도, 캡처 후 사진으로도 활용할 수 있어 편리합니다.

추운 날이면 카메라 배터리가 더 빨리 소진되므로 **보조 배터리**를 챙기는 것도 잊지 마세요. 현장에서 충전을 부탁할 수 있지만, 장소가 한정되어 필요한 순간에 촬영하기 어려워질 수도 있습니다. 이때 보조 배터리가 있으면 배터리가 떨어져 당황하지 않아도 됩니다.

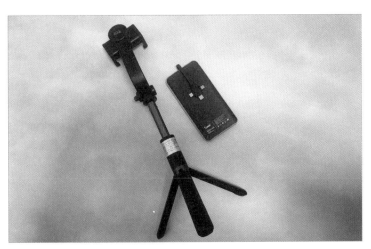

필자가 사용했던 미니 삼각대와 보조 배터리

우리 집을 스튜디오로 바꾸는 2가지 아이템
― 배경지 & 조명 겸용 거치대

제품 체험단은 대부분 후기 작성 가이드에 반드시 넣어야 하는 내용이나 촬영 구도 등을 명시해 놓아 콘텐츠를 제작할 때 더 많은 정성을 들여야 합니다. 잡지 광고에서 멋지게 연출한 사진을 보고 매료된 경험이 있나요? 전문 장비를 갖추지 않아도 배경지와 간단한 조명만으로 내 집을 홈 스튜디오로 바꿀 수 있습니다. 비용을 크게 지출하지 않으면서도 멋지게 제품을 촬영할 수 있는 2가지 아이템을 소개합니다.

1. 심심하지 않게 연출해 줄 배경지

배경지는 여분의 공간을 깔끔하게 정돈하면서도 제품에 어울리는 분위기를 연출하는 데 가장 쉽게 활용할 수 있는 도구입니다. 필자는 대리석과 타일 모양의 2가지 배경지를 가장 많이 사용합니다. 각자 크기가 다른 제품을 여러 구도로 촬영할 수 있도록 한 면이 최소 50cm 이상 되는 크기로 구입하세요.

분위기가 서로 다른 배경지 2장을 준비해서 제품 특징에 맞게 사용하세요.

배경지를 활용한 제품 사진

2. 사진의 완성도를 높여주는 조명 겸용 거치대

제품에 빛만 잘 사용해도 전문가 못지않게 촬영할 수 있습니다. 하지만 너무 비싸거나 사용하기 어려운 조명은 구입하지 마세요. 필자는 이렇게 생긴 조명 겸용 거치대를 사용하는데, 다양한 환경에서도 안정감 있게 촬영할 수 있습니다.

조명 겸용 거치대

깔끔한 잡지 표지를 촬영할 때 활용하는 방법도 있습니다. 잡지를 요소로 활용하면 사진의 색감이 더 다채로워집니다.

필자가 촬영한 제품 연출 컷

그 밖에 분위기 연출을 도와주는 소품은 다이소 등에서 저렴한 것으로 구입하면 됩니다. 촬영하는 주제에 어울리는 소품을 골라 활용해 보세요.

05

나만의 경험을 도움되는 정보로!
체험단 후기 작성하기

체험단 후기를 작성할 때 어떤 것을 고려해야 할까요? 알고 시작한다면 좋은 글을 훨씬 빠르게 작성할 수 있습니다. 이번 장에서는 체험단 참여 형태와 업종에 따라 후기를 작성하는 방법을 알아보겠습니다. 반드시 기재해야 하는 공정거래위원회 심의 문구를 삽입하는 방법도 함께 다뤘으니 꼭 참고해 보세요!

05-1 인기 있는 글의 비밀! 상위 노출 글 분석법

05-2 후기 작성이 쉬워지는 주제별 포인트

05-3 체험단 후기, 제출까지 완벽하게!

05-4 자주 묻는 질문만 모았다! 블로그 체험단 Q & A

상위 1% 블로그의 비밀 | (광고) 표시, 이제는 제목에 넣어야 한다고요?

05-1 인기 있는 글의 비밀! 상위 노출 글 분석법

#필수키워드 #상위노출 #필수키워드위치 #사진개수 #글자수 #리뷰언즈엔서포터

내가 작성한 후기가 잘 검색되도록 하려면 어떻게 해야 할까요? 키워드를 검색했을 때 상위에 있는 글의 패턴을 따라 하면 내가 작성한 후기도 상위에 노출될 확률이 더 높아집니다. 상위에 노출된 글을 간단하게 분석하는 방법을 알아보겠습니다.

체험단 필수 키워드, 변형하지 마세요!

체험단에 선정되면 업체 측에서 꼭 넣어야 할 키워드를 제공하는데요. 이 키워드는 바꾸고 싶다고 해서 무작정 바꿔서는 안 됩니다. 사업주는 자사 제품/서비스를 가장 잘 아는 사람이므로 노출하고 싶은 필수 키워드가 명확하기 때문입니다. 장단점을 가장 열심히 분석해서 도출한 키워드를 블로거가 마음대로 바꾸면 안 되겠죠?

레뷰와 같이 AI 검수 시스템을 도입해 필수 키워드가 포함되지 않으면 후기 등록을 할 수 없는 곳도 있습니다. 그러므로 체험단 가이드에서 글자와 이미지 개수, 동영상 유무 등의 조건과 글에 넣어야 하는 내용을 확인하세요. 업체는 블로거가 체험단에 지원할 때 가이드의 내용에 동의한 것으로 간주하므로 등록 조건을 지키지 않으면 수정하라는 요청을 할 수 있습니다.

업체에서 제공하는 필수 키워드

필수 키워드 위치, 사실 정해져 있다?

다른 사람이 쓴 글의 제목을 참고해서 작성하면 내 글이 상위에 노출될 확률이 더 높아집니다. 후기를 쓰기 전에 필수 키워드를 검색하고 제목에서 어느 위치에 있는지 확인해 보세요. 단, 다음 예시처럼 키워드 자체를 띄어 쓰거나 변형하지 않도록 주의해야 합니다. 필수 키워드의 앞뒤에 꾸며주는 말이나 연관된 내용을 붙이는 정도는 괜찮습니다.

> 필수 키워드: 홍대 맛집
> 분위기 좋은 '홍대 맛집' 0000 파스타 맛있어요 (O)
> 분위기 좋은 '홍대' 파스타 '맛집' 0000 다녀왔어요 (X)

그럼 필수 키워드의 위치는 어떻게 찾아야 할까요? 네이버에 접속해 **광장시장 맛집**을 검색한 뒤 블로그 탭에서 상위에 노출된 글을 확인해 보았습니다. 여러 콘텐츠의 제목 앞부분에 필수 키워드인 '광장시장 맛집'이 위치한 것을 확인할 수 있습니다. 그렇다면 내가 글을 작성할 때에도 제목 맨 앞에 '광장시장 맛집'을 배치해야겠죠?

사진 개수와 글자 수, 어떻게 정하나요?

글을 작성하기 전에는 자신이 사용하고자 하는 키워드의 최소 조건이 무엇인지도 미리 확인하는 것이 좋습니다. 상위에 노출된 글의 사진 개수를 보면 모두 비슷하게 사용한다는 것을 알 수 있습니다.

먼저 네이버에 접속해 **광장시장 맛집**을 검색한 뒤 [블로그] 탭에서 상위에 노출된 글을 확인해 보세요. 사진 오른쪽 하단의 숫자는 글에 사용한 사진의 개수를 의미합니다. 상위에 노출된 글 10개에서 사용한 사진의 평균 개수를 구한 뒤 자신의 글에 적용하면 됩니다.

'광장시장 맛집'을 검색한 결과에서 알 수 있는 사진 개수

이제 글을 쓸 때 필요한 최소한의 글자 수도 확인해 봅시다.

하면 된다! ⟩ 엔서포터로 글에 필요한 글자 수 확인하기

리뷰언즈 엔서포터 확장 프로그램을 사용하면 글을 발행하기 전에 글에 필요한 최소한의 글자 수를 미리 확인할 수 있습니다.

01 구글 크롬에서 **리뷰언즈 엔서포터**를 검색해 사이트에 접속합니다.

02 [chrome 웹 스토어]의 리뷰언즈 엔서포터 설치 화면이 나타나면 [Chrome 에 추가]를 클릭해 설치합니다.

03 네이버에서 필수 키워드를 검색하고 [블로그] 탭을 클릭합니다. 이전에 없 었던 [엔서포터 글 분석] 버튼이 생긴 것을 확인할 수 있습니다.

04 [엔서포터 글 분석]을 클릭하면 글자 수가 바로 나타납니다. 상위에 노출된 글 10개의 글자 수 평균값을 구한 뒤 자신의 글에 적용해서 작성하면 됩니다.

완벽히 같을 필요는 없어요!
최대한 비슷하게 작성해 보세요.

리뷰언즈 엔서포터는 글자 수 세기 기능도 제공합니다. 블로그 글쓰기 창에서 실시간으로 바뀌는 글자 수를 볼 수 있으니 글을 쓸 때 참고해 보세요.

작성한 글자 수를 보여줍니다.

05-2 후기 작성이 쉬워지는 주제별 포인트

#후기작성법 #맛집 #네일아트 #미용실 #카페 #숙박 #화장품 #식품

촬영도, 상위 노출 콘텐츠의 정보 분석도 마쳤다면 이제 체험단 후기를 작성할 시간입니다. 어렵게 느낄 여러분을 대신해서 후기 작성 가이드를 준비해 봤습니다. 일단 처음에는 필자가 소개한 가이드대로 후기를 작성하고 나서, 자신의 노하우를 추가해 더 좋은 콘텐츠를 발행할 수 있도록 힘써 보세요!

방문자 수와 퀄리티를 모두 잡는 후기 작성법

블로그를 시작하자마자 많은 방문자 수나 파급력을 기대할 수는 없습니다. 하지만 사람들이 궁금해할 만한 내용을 보여주고 높은 품질의 후기를 작성하는 것은 충분히 할 수 있죠. 알찬 후기가 계속해서 쌓이면 방문자 수는 저절로 늘어납니다. 다음은 후기를 작성할 때 염두에 두어야 할 사항입니다.

1. **제품/서비스의 외관과 디자인**: 제품/서비스의 외관과 디자인을 상세하게 설명하고 사진을 첨부해 사람들이 시각적으로 확인할 수 있게 도와줍니다.
2. **사용 경험과 성능**: 제품/서비스의 사용 경험을 공유해 장단점을 설명합니다. 성능, 기능, 편의성 등을 소개하고 사람들이 어떤 경험을 할 수 있는지 이해하도록 도와줍니다.
3. **추가 정보와 팁**: 제품/서비스와 관련된 추가 정보나 사용 팁을 제공하여 더 유용한 자료가 될 수 있도록 도와줍니다.

후기를 작성할 때에는 정확하고 자세한 정보와 함께 자신이 체험한 내용을 솔직하게 표현하는 것이 중요합니다. 사람들이 신뢰할 수 있는 후기를 작성해야 체험단을 모집한 업체에도 다시 함께 일하고 싶은 블로그로 보이기 때문입니다. 이제 본격적으로 7개 주제별 후기 작성법을 알아보겠습니다.

주제 1: 맛집 후기

맛집 후기는 음식을 맛있어 보이게 촬영하는 것이 중요합니다. 사람들이 '이 식당에 가보고 싶다'고 생각하게 만들어 보세요. 맛집 후기 작성 가이드라인을 정리하면 다음과 같습니다.

맛집 후기 예시 사진

📝 QR코드로 접속해 보세요! 필자가 가이드라인대로 작성한 블로그 글을 볼 수 있습니다

사람들은 다양한 이유로 맛집을 검색합니다. 가족 모임이나 회식을 위해 큰 공간이 필요할 수도 있고, 데이트를 하기 위해 분위기 좋은 곳을 찾을 수도 있습니다. 다양한 필요를 충족하는 콘텐츠를 담고, 매장의 크기나 분리된 공간 등 다른 식당과의 차이점이 있다면 언급하세요.

음식이 나오면 전체 사진, 위에서 찍은 사진, 근접 사진, 먹는 사진 등을 다양한 각도에서 촬영합니다. 주차 공간 정보와 지도, 식당 기본 정보도 넣어야 하고, 특히 가게 이름, 전화번호, 주차장 유무, 영업 시간은 꼭 들어가는 것이 좋습니다.

사람들에게 인기 있는 주제를 묶어 블록 형태로 노출시키는 것을 스마트블록이라고 했죠? 스마트블록은 키워드에서 파생된 다양한 주제를 묶어서 보여주므로 블로그 지수의 영향을 덜 받으며, 초보 블로그의 글도 상위에 노출될 확률이 높습니다. 내 글을 상위에 노출하고 싶나요? 그렇다면 상위 노출 블로그의 글 작성 방식을 벤치마킹하세요.

📝 '스마트블록'이 생각나지 않는다면 03-2절을 다시 읽어 보세요.

강남역맛집을 검색하면 [강남역맛집 인기 주제]라는 스마트블록이 보이는데, 여기에서 사람들이 많이 검색하는 다른 키워드를 확인할 수 있습니다. 스마트블록의 내용은 계속해서 바뀌며, 클릭해 보면 각각 다른 검색 결과가 노출됩니다.

블로그 지수의 영향을 덜 받는 스마트블록

강남역맛집을 검색한 결과에서 스마트블록으로 노출된 [강남역 내돈내산]을 클릭하면 각각의 글에 들어 있는 정보가 보입니다. 단락을 어떻게 구분하고 어떤 정보를 제공하는지 확인한 뒤 비슷한 형태로 글을 작성하면 됩니다. 만약 이 키워드로 글을 작성한다면 '위치, 찾아가는 길, 영업 시간, 내부 분위기, 가격, 메뉴'와 관련된 정보를 반드시 넣어줘야 합니다.

📝 단, 참고한 블로그의 내용을 그대로 따라 하면 유사 문서에 걸릴 수 있으므로 주의하세요.

스마트블록 노출을 위해 참고해야 하는 글의 구조

주제 2: 네일아트/페디큐어 후기

네일아트/페디큐어 후기는 완성도와 숍의 실력이 잘 보이도록 촬영하는 것이 중요합니다. 숍의 분위기를 알 수 있는 이달의 아트나 샘플 아트가 있다면 함께 찍어서 보여주세요. 네일아트/페디큐어 후기 작성 가이드라인을 정리하면 다음과 같습니다.

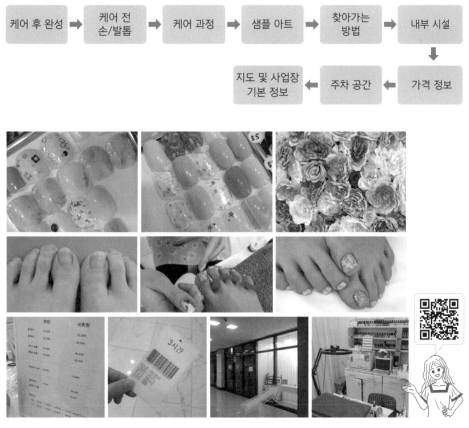

네일아트/페디큐어 후기 예시 사진

뷰티숍에서는 대부분 회원권을 할인된 가격으로 판매합니다. 이러한 정보는 계산대 앞에 안내해 두는 경우가 많으니, 반드시 매장에서 운영하는 이벤트와 함께 회원권 정보를 넣으세요.

케어 전후 모습은 밝은 배경에서 촬영해야 더 깔끔한 인상을 줄 수 있습니다. 또한 케어를 받고 나서 하루, 이틀 후 일상 속에서 찍은 사람을 한 장 정도 첨부하면 좋습니다. 글 끝에는 지도와 가게 정보도 추가합니다.

주제 3: 미용실 후기

미용실 후기 역시 완성도와 숍의 실력이 잘 보이도록 연출해서 촬영해야 합니다. 음료나 간식 등을 제공하는 서비스가 있는지 알려주는 것도 좋습니다. 미용실 후기 작성 가이드라인을 정리하면 다음과 같습니다.

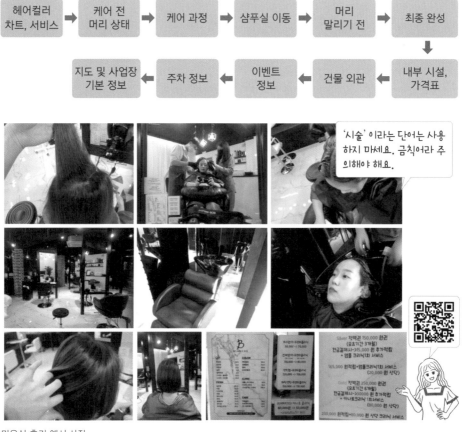

미용실 후기 예시 사진

미용실 체험단은 혼자 방문하는 경우가 많아 촬영하기 곤란할 때가 있습니다. 이때 전/후 케어 과정 촬영은 헤어 디자이너에게 요청해도 됩니다. 미용실에서는 디자이너가 각각 사비로 체험단을 모집하는 경우가 많으므로 콘텐츠 촬영에 적극적인 블로거를 더욱 선호합니다.

또한 미용실은 포토존이 별도로 있는 곳이 많습니다. 깔끔한 인테리어와 밝은 조명 아래에서 셀카를 찍어 보세요.

글 끝에는 디자이너 명함을 꼭 넣고, 마지막으로 이벤트, 회원권 판매, 무이자 할부가 되는 카드 정보처럼 필요한 혜택은 빠짐없이 알려주는 것이 좋습니다.

체험단에 참여하게 되면 대부분 검색량이 많은 키워드를 메인으로 활용해 글을 작성해야 합니다. 하지만 초보 블로거가 이러한 키워드로 상위에 노출되기는 어렵습니다. 이때는 타기팅 키워드를 찾아 작성할 수 있습니다. 타기팅 키워드란 검색자 수는 적지만 한 번 검색한 사람이 무조건 유입되는 키워드를 말합니다. 타기팅 키워드는 지역 기반으로 운영하는 사업장에 대한 정보를 작성할 때 유용합니다.

초보 블로거가 '레이어드컷'으로 글을 발행해도 상위에 노출될 확률은 거의 없습니다. 이럴 때 특정 지역을 넣어 주면 검색량이 줄어들고 키워드 경쟁도 낮아져서 내 글이 상위에 노출될 확률이 높아집니다.

> '레이어드컷'은 인플루언서가 아니면 상위에 노출되기 힘든 키워드입니다.

검색량이 많은 키워드

레이어드컷을 검색하면 최신성이 높은 인플루언서의 글이 상위에 노출되지만, 대전 둔산동 레이어드컷을 검색하면 최신성이 낮은 일반 블로거의 글이 나타납니다. 최근 글을 작성한 사람이 없어서 이 키워드로 검색한 사람들이 유입될 확률이 높아지므로 블로그 지수를 쌓는 데 도움이 됩니다. 타기팅 키워드를 활용하면 키워드에서 상위에 노출될 힘을 모을 수 있습니다.

> 검색어 앞에 지역명을 추가하니 인플루언서 콘텐츠가 보이지 않아요. 최신성도 낮아졌네요.

인플루언서 글이 보이지 않는 타기팅 키워드

주제 4: 카페 후기

카페 후기는 메뉴명으로 유입되는 경우가 많습니다. 쇼케이스 안에 진열된 제품을 설명하며 메뉴명을 텍스트로 적어 주면 검색 유입까지 함께 챙길 수 있습니다. 카페 후기 작성 가이드라인을 정리하면 다음과 같습니다.

음료/디저트 ➡ 주문 내역 ➡ 인테리어 ➡ 건물 외관 ➡ 의자 모양 ➡ 쇼케이스

쇼케이스 ⬇ 원두 종류 ⬅ 지도 및 사업장 기본 정보

카페 후기 예시 사진

매장에 예쁘게 꾸민 포토존이 있거나 화장실이 깔끔하면 관련 정보를 글에 꼭 넣으세요. 음료를 만드는 공간은 청결함이 돋보이는 사진으로 보여 주고, 메뉴가 나오면 깔끔한 배경에서 맛있어 보이게 촬영해 보세요.

또한 카페에서 업무를 보거나 공부를 하는 사람은 콘센트의 유무, 의자의 편안함 정도를 미리 알아보려고 검색하는 경우가 많으므로 해당 정보를 같이 준비하면 더 많은 유입을 기대할 수 있습니다. 한 가지 유용한 팁이 더 있는데, 이미 매장을 방문해 자리를 잡은 손님 중에는 와이파이 비밀번호를 찾느라 검색하는 사람이 많으므로 와이파이 비밀번호 안내판 사진을 넣어 주면 좋습니다.

주제 5: 호텔/숙박 후기

호텔/숙박 후기는 주로 여행 전 묵을 곳을 정하는 사람들이 많이 찾아봅니다. 위치를 잘 모를 수 있으므로 가는 방법을 자세히 설명하고, 함께 이용할 수 있는 부대시설이 있다면 꼼꼼히 촬영해 보여주세요. 호텔/숙박 후기 작성 가이드라인을 정리하면 다음과 같습니다.

호텔/숙박 후기 예시 사진

호텔을 방문하는 손님은 대부분 자동차를 이용하는 경우가 많으므로 주차 정보가 중요합니다. 또한 피트니스나 조식 정보 등 호텔에서 제공하는 서비스를 찾을 때 도움되는 층별 안내도는 꼭 넣어서 작성하세요.

호텔 객실에 입장하면 깔끔한 상태에서 침대와 침구류를 촬영하세요. 샴푸를 사용해 보고 마음에 들어서 제품명을 검색하는 사람도 많으니 호텔에서 기본으로 제공하는 비품은 꼼꼼하게 확인하고 글을 작성하세요.

주제 6: 화장품 후기

화장품은 앞서 살펴본 체험단과 다르게 배송형 체험단으로 진행됩니다. 업체는 포장이나 제품 박스 사진을 너무 많이 배치하는 것을 좋아하지 않으므로 그보다 실제로 사용하는 사진을 많이 보여주는 것이 좋습니다. 화장품 후기 작성 가이드 라인을 정리하면 다음과 같습니다.

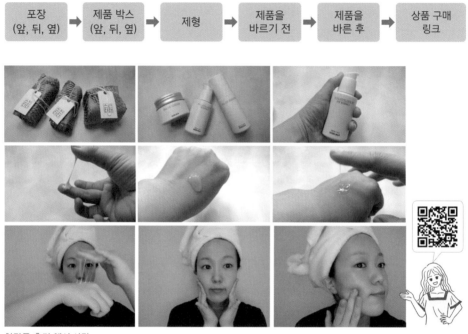

화장품 후기 예시 사진

화장품은 두 손을 모두 사용할 때가 많아서 삼각대를 세우고 카메라의 타이머 기능을 이용하는 것이 좋습니다. 이때 동영상으로 촬영하면 영상으로 쓸 수도 있고, 나중에 캡처해 사진으로 만들 수도 있겠죠? 제품을 사용하는 컷은 GIF 파일로 만들어 글에 첨부하면 화장품의 장점을 돋보이게 할 수 있습니다.

화장품 후기에는 바르기 전과 후를 비교하는 사진을 반드시 넣어야 합니다. 하지만 블로거가 해당 제품을 오랫동안 사용하여 얻은 결과가 아니라는 것을 모두 알고 있으므로 극단적인 보정이나 연출은 지양하세요.

주제 7: 식품 후기

식품 역시 배송형 체험단으로 진행되는 경우가 많습니다. 겉포장과 제품의 개별
포장 사진을 꼼꼼히 촬영하고, 자연스럽게 일상 속에서 먹는 모습을 보여주세요.
식품 후기 작성 가이드라인을 정리하면 다음과 같습니다.

식품 후기 예시 사진

식품은 먹는 방법을 알려주는 내용이나 팁을 넣으면 정보 제공과 홍보 목적 모두
달성할 수 있습니다. 예를 들어 사과즙을 받았다면 양념 갈비를 재울 때 사용할
수 있다는 팁을 알려주면 됩니다. 이러한 아이디어는 네이버에서 검색해 얻을 수
있어요.

> **맛있게 먹는 tip!**
>
> 명란김과 연어김은 오차즈케와 정말 찰떡 궁합입니다! 사무실에서 입맛이 없길래 햇밥에 녹차물을 부어서 김과 함께 먹었더니 술술
> 들어가더라고요! 환절기 입맛을 잃은 분들은 이렇게 한번 드셔보세요! 원래 명란젓이나 약간 짭쪼롬한 반찬과 같이 먹는것이 오차즈
> 케인데, 김프로 김은 자체 양념이 모두 되어 있어서 다른 반찬이 더 필요 없더라고요!

필자가 작성했던 먹는 방법 예시

식품 후기에서는 건강기능식품과 일반식품을 잘 구분해야 합니다. 국내에서 사람이 먹는 제품은 모두 식품의약품안전처(식약처)의 인증을 받습니다. 하지만 식약처의 인증을 받았다고 해서 모두 건강기능식품은 아닙니다. 만약 일반식품을 건강기능식품으로 표기하면 과대광고로 문제될 수 있으니 반드시 주의해야 합니다.

건강기능식품을 표시하는 인증 마크의 사용 유무와 식품 유형을 확인하면 2가지 식품을 가장 확실하게 구분할 수 있습니다. 다음 표는 건강기능식품과 일반식품을 구분하는 항목과 그 위치를 정리한 것입니다.

구분	확인 항목 및 위치
건강기능 식품	패키지 앞면에 건강기능식품 인증 마크가 인쇄되어 있음
	패키지 뒷면에 식품의 유형이 '건강기능식품'으로 표기되어 있음
일반식품	패키지 앞면에 건강기능식품 인증 마크가 인쇄되어 있지 않음
	패키지 뒷면에 '기타가공품' 등으로 표기되어 있음

건강기능식품과 일반식품 구분하기

건강기능식품과 일반식품을 사진 자료로 확인해 보겠습니다. 건강기능식품은 제품 패키지 앞면에 식약처에서 받은 인증 마크가 있습니다. 그리고 [식품의 유형] 항목에 '건강기능식품(원료명)'이라는 단어가 정확하게 기재되어 있습니다. 다르게 적혀 있다면 모두 일반식품입니다. 블로그 후기를 작성할 때에는 먼저 자신이 받은 식품의 유형을 꼼꼼하게 확인하세요.

건강기능식품

일반식품

05-3 체험단 후기, 제출까지 완벽하게!

#레뷰 #후기제출 #공정거래위원회문구 #배너 #문자 #글감 #일정관리

체험단에 참여해 후기 작성까지 마쳤다면, 이제 무사히 제출하는 일만 남았죠? 하지만 먼저 반드시 확인해야 할 요소가 있답니다. 제출까지 무사히 마칠 수 있도록 도와드릴게요!

체험단 후기의 필수 요소! 공정거래위원회 문구

체험단에 참여하거나 협찬을 받았다면 법적 의무 사항인 공정거래위원회 문구를 반드시 작성해야 합니다. 한동안 뒷광고 논란이 대한민국을 뜨겁게 달군 적이 있는데, 그 이후 네이버는 금전 지원, 할인, 협찬 등 경제적 이해관계를 명확하게 표기했는지 엄격히 관리하고 있습니다. 광고주와 경제적인 이해관계가 있는 블로그는 이를 무조건 글의 제목이나 첫 부분에 표기해야 합니다. 문구 게재 관련 위법 사항이 발견되면 시정 조치를 받고, 위법 사항을 수정하지 않으면 장기적으로 저품질에 걸리거나 블로그 이용 제한 등의 불이익을 받을 수 있습니다.

다음은 공정거래위원회 문구를 작성할 때 주의해야 할 사항입니다.

구분	설명
시정 대상	- 쉽게 찾을 수 없는 부분에 있는 경우 - 본문과 구분하지 않고 작성해 인식이 어려운 경우 - 댓글로 작성한 경우 - 발견하기 어려울 만큼 작은 경우 - 색상이 배경과 유사해 문자를 알아보기 힘든 경우 - 더보기를 클릭해야만 확인할 수 있는 경우

공정거래위원회 문구를 쓰지 않고 실제 구매해 사용한 것처럼 글을 작성해 달라고 요청하는 업체가 있다면 절대로 응하지 마세요. 공정거래위원회 문구는 다음과 같이 배너, 문자, 이미지의 3가지 방법으로 삽입할 수 있습니다.

1. 체험단 모집 웹사이트에서 제공하는 배너 삽입하기

체험단 모집 웹사이트에서 제공하는 배너를 복사해서 붙여넣을 수 있습니다. 이 때 제공되는 이미지의 HTML 주소는 모두 달라서 중복 문서로 걸리지 않습니다.

하면 된다! ⟩ 레뷰에서 제공하는 배너 다운로드하고 글 제출하기

체험단 모집 웹사이트에 체험단으로 선정됐다면 '스폰서배너'라는 것을 글에 추가해야 합니다. 체험단을 모집한 웹사이트에 따라 후기를 올리는 조건이 다를 수 있습니다. 체험단 가이드를 잘 살펴보고 그에 맞게 올리세요. 여기서는 앞서 가입했던 레뷰에서 공정거래위원회 문구 파일을 다운로드하고 후기를 제출해 보겠습니다.

01 레뷰(revu.net)에 접속해 로그인합니다. ❶ 메인 화면 오른쪽 상단에서 프로필 이미지를 클릭해 [나의 캠페인]을 선택합니다. ❷ [선정된 캠페인]을 클릭하세요.

02 목록에서 후기 등록이 필요한 캠페인 페이지를 선택한 뒤 [콘텐츠 등록하기]를 클릭합니다.

03 ① [스폰서배너] 오른쪽을 드래그해 이미지를 선택한 뒤 ② 마우스 오른쪽 버튼을 눌러 [이미지 복사]를 선택합니다.

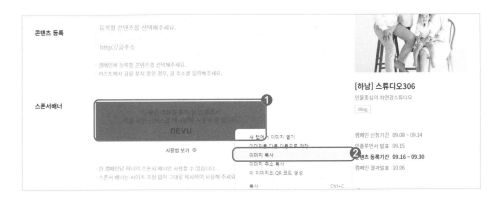

04 ① 이미지를 작성한 글 하단에 붙여넣은 뒤 ② [발행]을 클릭해 글을 발행합니다. ③ 저장된 글 오른쪽의 [URL복사]를 클릭해 발행된 글의 주소를 복사합니다.

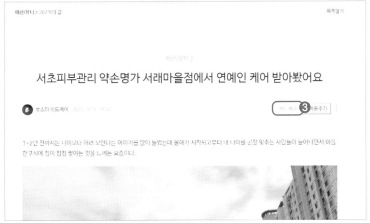

05 ❶ [콘텐츠 등록]에 복사한 URL을 붙여넣고 ❷ [미션 검수하기]를 클릭합니다.

06 ❶ 미션을 충족했는지 확인한 후 부족한 부분이 있다면 [수정하러 가기]를 클릭해 수정하세요. ❷ 수정을 모두 마치면 [콘텐츠 등록하기] 버튼이 활성화됩니다. 이 버튼을 클릭해 체험단 후기 제출을 완료합니다.

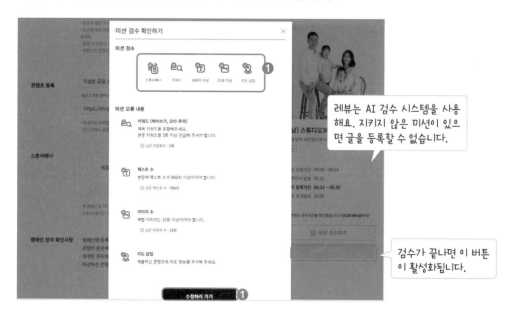

2. 문자로 삽입하기

체험단에서 제공받은 내역을 문자로 작성해도 됩니다. 이때 글자가 배경색과 비슷하거나 알아보기 힘들 정도로 작아서는 안 됩니다.

3. 글감에서 이미지 구입해 삽입하기

예쁜 이미지를 넣고 싶다면 [스마트에디터 ONE → 글감]에서 공정위를 검색해보세요. 검색 결과 이미지 밑에 '200원'과 같이 금액이 쓰여 있다면 그 이미지는 유료로 판매 중인 이미지라는 뜻입니다. 이렇게 마음에 드는 이미지를 구입해 사용할 수 있습니다.

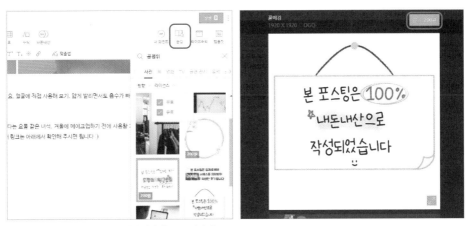

글감에서 구입할 수 있는 공정거래위원회 문구 이미지

05-4 자주묻는질문만모았다!블로그체험단Q&A

#불만족후기   #참여취소   #일정변경

체험단에 선정되어 매장을 방문했다가 불쾌한 경험을 하거나, 피치 못할 사정이
생겨 체험단 일정을 지키지 못할 수도 있습니다. 다양한 상황이 발생했을 때 어
떻게 하면 좋을지 참고할 수 있도록 필자가 가장 많이 받은 질문 3가지를 모아
속 시원하게 알려드리겠습니다.

Q1. 체험이 만족스럽지 않아도 글을 작성해야 하나요?

당연히 모든 체험이 만족스러울 수는 없습니다. 불만족스러운 점까지 모두 좋게 포장할 필
요는 없으며, 자신의 의견을 솔직하게 작성하는 것도 검색으로 유입된 사람들에게 신뢰를
더하는 데 도움이 됩니다. 하지만 모든 사람이 자신과 똑같이 생각하지 않을 수도 있으므로, 불만족
스러운 점이 있다면 에둘러서 표현하는 것이 좋습니다.

예를 들어 식당에서 먹은 음식이 맛이 없었다면 음식보다 인테리어와 관련한 글의 비중을 늘리고,
'평소에 간이 센 것을 좋아하는 분들의 입맛에 맞을 것 같다'는 식으로 작성하는 것도 좋습니다. 옷
을 받았는데 기장이 길다면 '키가 큰 분들에게 더 잘 맞을 것 같다'는 식으로 풀어 작성하면 됩니다.

Q2. 체험단 참여, 취소할 수 있나요?

체험단 모집에 선정되었다 해도 대부분 연기하거나 취소할 수 있습니다. 하지만 사유에 따
라 페널티가 부과되며, 그 결과로 일정 기간 동안 체험단 활동이 어려울 수 있으니 취소할
때에는 신중하게 결정하세요. 단, 업체에서 일정을 바꾸는 등 변화가 생겨 부득이하게 참여하지 못
할 상황이 되었다면 페널티 없이 취소할 수도 있습니다. 업체의 사정으로 취소해야 한다면 다음과
같이 문의해 보세요.

하면 된다! } 레뷰 체험단 취소하기

01 레뷰(revu.net)에 접속해 로그인한 다음 ❶ 메인 화면 오른쪽 상단에서 프로필 이미지를 클릭합니다. ❷ 하단에서 [1:1 문의]를 클릭하고 ❸ [문의하기]를 선택합니다.

02 [1:1 문의] 화면이 나타나면 ❶ [블로그 캠페인]을 클릭하고 ❷ 아래 목록에서 신청한 캠페인을 선택합니다. ❸ [선정 취소 및 연장 요청]을 클릭합니다.

03 취소 사유를 작성한 후 [등록]을 클릭합니다. 답변을 받기까지는 영업일 기준으로 1일 정도 걸립니다.

04 ❶ 1일 후 화면 상단에서 프로필 이미지를 클릭하고 ❷ [1:1 문의]를 선택하면 작성한 글을 확인할 수 있습니다. ❸ 글을 클릭해 답변을 확인합니다.

05 개인 사정으로 페널티가 부과된 경우와 업체 사정으로 페널티 없이 선정 취소가 이루어진 경우를 비교해 봅시다.

체험단 참여 취소 문의는 다른 체험단 모집 웹사이트에서도 동일하게 진행합니다. 이미 선정된 체험단에 참여할 수 없다면 문의 글을 작성해 취소 요청하세요.

Q3. 체험단 참여 날짜나 글 제출 기한을 바꿀 수 있나요?

체험단에 선정되었지만 기한 내에 참여하기 어렵다면 업체와 협의하여 일정을 조율할 수 있습니다. 하지만 일정 조율이 어려운 상황이라면 체험단 선정이 취소되기도 합니다. 우선 체험단 모집 웹사이트에서 1:1 문의로 변경 방법을 확인하세요. 체험단 모집 웹사이트에서 업체와 연결해 주는 경우도 있지만, 방문형 체험단이라면 대개 블로거가 직접 연락하여 일정을 조율하라고 안내해 줍니다. 업체에서 일정을 변경해 줄 때는 페널티를 따로 부과하지 않는 경우가 많습니다. 체험단 모집 웹사이트에 접속하고 다음과 같이 문의해 보세요.

하면 된다! ⟩ 레뷰 체험단 일정 바꾸기

01 레뷰(revu.net)에 접속해 로그인하고 ❶ 메인 화면 오른쪽 상단에서 프로필 이미지를 클릭합니다. ❷ [1:1 문의]를 클릭하고 ❸ [문의하기]를 선택합니다.

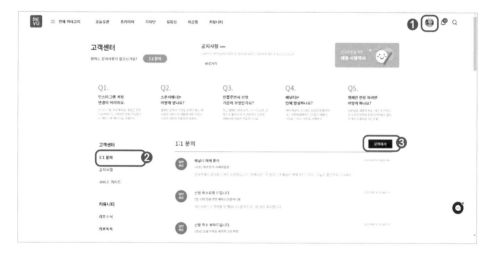

02 ❶ [블로그 캠페인]을 클릭하고 ❷ 신청한 캠페인을 선택합니다. ❸ [선정 취소 및 연장 요청] ❹ [콘텐츠 등록기간 연장]을 선택합니다.

03 체험단 참여 날짜 변경이나 후기 제출 기한 연장과 관련해서 사유와 구체적인 내용을 작성한 후 [등록]을 클릭합니다. 답변을 받기까지는 영업일 기준 1일 정도 걸립니다.

날마다 카카오톡으로 체험단 선정 소식을 확인하다 보면 발행 일정을 관리하는 것 자체가 버겁게 느껴질 수 있습니다. 일정을 놓치면 페널티를 받으므로 필자는 다음과 같이 엑셀 프로그램을 이용해 발행 일정 관리표를 따로 만들어서 사용하고 있습니다.

여기에서 소개하는 일정 관리표를 참고해 나만의 발행 일정을 관리해 보세요!

마감일	구분	세부내용	업체/담당자	컨택	원고료	제품 가격	특이사항
02월 16일							O
02월 22일							x
02월 20일							x
02월 10일							O
02월 25일							O
02월 28일							o
02월 16일	배송			이플			o
02월 10일							o
02월 17일							o
							o
							o
							o
							o
							o
							o
합계					340,000	4,273,700	

필자가 만들어 사용했던 발행 일정 관리표

- **마감일**: 글 작성 마감일을 적어 둡니다. 되도록 마감일보다 빨리 제출하는 것이 좋습니다.
- **구분**: 방문형, 배송형과 같이 체험단의 운영 형태를 적어 둡니다.
- **세부 내용**: 체험하는 상품을 적어 둡니다.
- **업체/담당자**: 체험단 웹사이트 또는 그동안 자신과 직접 연락한 담당자의 이름을 적어 둡니다.
- **컨택**: 앱, 카카오톡, 문자 등 어떤 채널을 이용해 연락해 왔는지 적어 둡니다.
- **원고료**: 원고료를 정산받는다면 금액을 적어 둡니다.
- **제품 가격**: 제공받는 제품의 소비자 가격을 적어 둡니다. 나중에 계산해 보는 재미가 있습니다.
- **특이사항**: 가이드에서 강조하는 사항을 적어 둡니다. 반드시 확인해야 하는 사항을 적어 두면 실수하지 않습니다. 만약 특별한 내용이 없다면 후기 제출 여부를 간단히 O/X로 기록하세요.

(광고) 표시, 이제는 제목에 넣어야 한다고요?

최근 개정된 '추천·보증 등에 관한 표시·광고 심사지침'에 따르면, 이제 블로그에서는 게시글의 제목이나 첫 부분에 광고임을 명확히 표시해야 합니다. 그런데 광고 글이라는 것이 클릭 전에 보인다면 사람이 아예 유입되지 않을 수도 있습니다.

이때 유입을 계속 만들기 위해서, 필자는 네이버 OGQ마켓에서 스티커를 구입해 글에 추가하는 방법을 추천합니다. 스티커는 네이버 알고리즘에서 광고로 잡히지 않고, 이미지에도 노출되지 않으므로 글을 직접 확인하기 전까지는 광고 게시물이라는 점을 알 수 없습니다. 그럼 어떻게 하는지 자세히 알아볼까요?

OGQ마켓에서 스티커 구매하기

01. ❶ 네이버에 로그인한 후 네이버 OGQ마켓(ogqmarket.naver.com)에 접속합니다. ❷ 오른쪽의 검색 창을 클릭하고 공정위를 검색합니다.

02. 다양한 스티커가 나타납니다. 이 중 마음에 드는 것을 골라 클릭합니다.

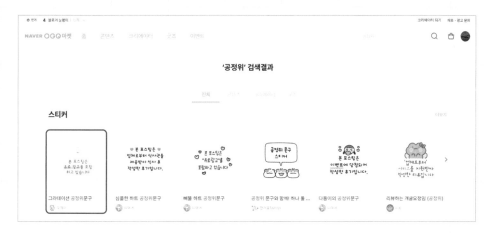

03. ❶ [구매하기]를 클릭한 다음 ❷ 약관에 동의합니다. 다시 구매 화면으로 돌아오면 ❸ 원하는 결제 방법을 선택한 후 [결제하기]를 클릭합니다.

블로그에서 구매한 스티커 사용하기

04. 블로그로 이동해 ❶ 공정거래위원회 문구를 삽입하고 싶은 글의 [수정하기] 버튼을 클릭합니다. ❷ [스티커]를 클릭하면 구매한 스티커가 나타납니다.

05. 글의 첫 부분에 스티커를 추가합니다.

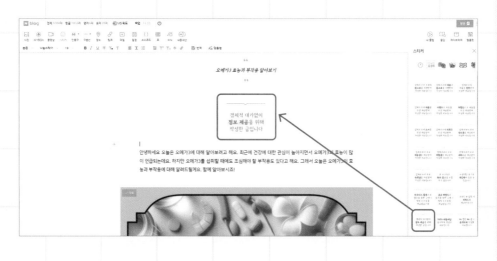

06. ❶ [라이브러리]를 클릭해 스티커가 나타나는지 확인한 후 ❷ [발행]을 클릭해 저장합니다.

사진 개수에 그대로 포함되어 검색 결과에도 나타나는 글감과 달리, 스티커는 클릭하기 전까지 글에 스티커가 포함돼 있는지 알 수 없습니다. 만약 내 글을 검색했을 때 결과에 공정거래위원회 문구 사진이 그대로 나타나는 것이 싫다면 스티커를 활용해 보세요.

또한 광고 표시와 관련한 지침은 계속해서 변화하고 있으므로 관심을 가지고 들여다보는 것이 좋습니다. 발빠르게 변화에 대응하면 글이 누락될 가능성을 줄일 수 있답니다.

06

오래 가는 블로그를 만드는
6가지 방법

블로그는 누구나 운영할 수 있습니다. 하지만 내 글이 사람들의 선택을 받으려면 계속해서 발전하는 네이버의 알고리즘을 이해해야 합니다. 이 장에서는 체험단 후기를 상위에 노출하는 데 필요한 조건과 참고할 수 있는 다양한 정보를 알기 쉽게 정리했습니다.

06-1 알고리즘과 상위 노출 원리 이해하기

06-2 유입을 늘려줄 황금 키워드 모으기

06-3 조회 수가 이상하다면? 글 누락 확인하기

06-4 추가 유입으로 블로그 확장하기

06-5 블로그 확산을 위한 이웃 관리하기

06-6 이럴 땐 이렇게! 블로그 관리 질문 사전

상위 1% 블로그의 비밀 | 네이버 큐로 블로그 유입률을 높이자!

06-1 알고리즘과 상위 노출 원리 이해하기

#알고리즘 #리브라 #소나 #씨랭크 #다이아 #다이아플러스 #에어서치
#블로그지수 #활동성 #인기도 #주목도 #서브블로그 #메타태그 #직접체험

방문자 수가 꾸준히 늘어나는 블로그를 만들고 싶다면 알고리즘을 잘 알아야 합니다. 검색 알고리즘이란 검색 결과를 나타낼 때 기준이 되는 규칙을 말합니다. 블로그에서 알고리즘은 가장 정확한 정보를 선택해 분류하고 순위를 매겨 검색 결과에 노출시킵니다. 이때 고려하는 것이 검색어와 내용의 연결성, 블로그의 품질, 사용자의 이전 검색 기록입니다.

검색 결과의 순위를 결정하는 알고리즘

문서 선정에서부터 노출에 이르기까지 적용되는 알고리즘은 정보를 더욱 정교하게 제공하기 위해 바뀌고 있습니다. 하지만 네이버는 정확히 어떤 원리로 노출 순서를 결정하는지 공개하지 않아서 새로운 알고리즘이 적용될 때마다 순위에 지각변동이 생깁니다. 그럼, 먼저 알고리즘이 어떻게 변화해 왔는지 살펴볼까요?

네이버 알고리즘의 변천사 알아보기

네이버 알고리즘은 2012년 1세대 리브라를 시작으로 소나, 씨랭크, 다이아, 다이아플러스를 거쳐 최근 에어서치까지 적용되었습니다. 알고리즘은 어떤 방향으로 발전하고 있을까요? 시대별로 적용된 네이버 알고리즘의 종류와 특징을 알아보겠습니다.

2012 리브라	2013 소나	2016 씨랭크	2018 다이아	2019 다이아플러스	2022 에어서치

알고리즘명	특징
리브라 (Libra)	글을 오랫동안 꾸준하게 작성하는 블로그가 우선순위로 노출되었습니다. 블로그를 개설하고 45일 동안 1일 1포스팅을 하면 바로 상위에 노출될 수 있었지만, 완성도가 떨어지는 광고 글이 우선순위로 노출되기 시작하면서 블로그의 신뢰성에 타격을 주었습니다.
소나 (Sonar)	새로운 내용과 사진을 사용한 원본 문서에 가산점을 주어 우선순위로 노출했으며, 개수를 채우기 위해 비슷한 사진과 내용으로 만들어진 글들이 검색 결과에서 제외되기 시작했습니다. 블로거들이 사용하는 '저품질'이라는 단어가 처음 생긴 시기입니다.
씨랭크 (C-Rank)	정보의 전문성이 중요해지면서 같은 주제로 오랫동안 양질의 글을 작성한 블로그가 우선순위로 노출되기 시작합니다. 다양한 주제로 글을 발행한 블로그가 후순위로 밀려나고 특정 주제로 꾸준하게 글을 발행한 블로거가 상위를 점유하면서 신규 블로거의 진입이 어려워졌습니다.
다이아 (D.I.A)	블로그 자체보다 개별 문서의 완성도가 더 중요해졌습니다. 문서 주제의 적합성, 문서의 의도, 독창성 등 여러 가지 요인이 복합적으로 작용하며, 특히 사람들이 블로그에서 정보를 보기 위해 머무는 시간이 길면 좋은 글로 인식해 가산점을 받았습니다. 다시 말하면 글이 독자의 의도를 얼마나 파악하고 정보를 제공하는지를 기준으로 점수를 매겼습니다. 완성도 높은 글을 작성하는 신규 블로거들이 상위에 노출되기 시작합니다.
다이아플러스 (D.I.A+)	검색하는 키워드에 따라 사용자에게 도움되는 정보의 형태를 다르게 제공하는 알고리즘입니다. 이때부터 검색어에 따라 지식백과, 뉴스, 블로그 등의 결괏값이 다르게 노출되기 시작하며 사람들의 만족도가 높아졌다는 평가를 받습니다.
에어서치 (AirSearch)	의도와 취향은 물론 예측되는 관심사까지 분석해 결괏값에 노출시키는 알고리즘입니다. 사람들의 나이, 취향 등을 분석해 맞춤형 검색 결과를 제공하기 시작했습니다. 상위에 노출되는 글의 공통점이 사라지면서 새롭게 진입하는 블로거에게 큰 기회가 되고 있습니다.

네이버 알고리즘은 사람들이 다른 채널로 이탈하는 것을 막기 위해 진화하고 있습니다. 알고리즘이 바뀔 때마다 당황스러울 수 있지만, 양질의 정보를 담은 진정성 있는 글을 작성해 왔다면 걱정하지 않아도 됩니다. 각종 꼼수를 사용하는 경쟁자가 하나 둘 사라지는 과정일 뿐이니까요. 정말 좋은 글, 도움이 되는 글은 예전부터 지금까지 계속 살아남고 있답니다.

내 글의 순서를 결정짓는 4대 지수

이제 상위 노출이란 무엇인지 알아볼까요? 네이버에서 키워드를 검색했을 때 맨 위에 노출되는 글을 보고 '상위에 노출되었다'고 말합니다. 그리고 이 순서는 앞서 설명한 알고리즘으로 결정됩니다. 네이버 알고리즘은 총 4가지 항목에 점수를 매긴 후 그 총합을 검색 결과 노출에 반영하고 있습니다. 블로그의 활동성과 인기도, 그리고 글의 주목도와 인기도를 아울러 '4대 지수'라고 합니다.

알고리즘을 만드는 블로그 4대 지수

종류	기준
블로그 활동성 지수	블로그 운영 기간, 게시글의 수, 글쓰기 빈도, 최근 활동을 나타내는 지수입니다. 글을 오랫동안 꾸준히 작성할수록 높아집니다.
블로그 인기도 지수	방문자 수, 순방문자 수, 페이지 조회 수, 이웃 수를 나타내는 지수입니다. 내가 작성한 글에 공감과 댓글을 많이 받을수록 높아집니다. 📝 순방문자 수: 중복 방문자를 제외한 방문자 수 　　페이지 조회 수: 내 블로그에서 글을 조회한 횟수
글 주목도 지수	네이버 검색 창의 블로그 탭에 노출되었을 때 얼마나 많은 사람들이 글에 관심을 보이는지를 나타내는 지수입니다. 노출 대비 사람들이 클릭하는 비율로 계산합니다.
글 인기도 지수	스크랩이 많은 글은 지수가 높아집니다. 무분별한 스크랩은 큰 의미가 없고, 동일한 주제를 다루는 블로그로 스크랩될 때 높은 점수를 받을 수 있습니다.

네이버는 검색 기반으로 운영되는 플랫폼이어서 사람들의 검색 기록을 알고리즘에 적용하므로, 이 4가지 조건이 잘 맞아야 블로그의 점수가 높아지면서 상위 노출에 유리하게 작용합니다. 즉 상위에 잘 노출되려면 블로그와 각각의 글 모두 인정받아야 합니다.

메타태그 점검으로 블로그 활동성 지수 잡기

블로그를 처음 개설하고 글을 발행하면 네이버 알고리즘이 블로그를 방문해 운영 목적과 주제 정보를 수집합니다. 이때 블로그명, 프로필, 카테고리명, 글 밑에 추가한 태그처럼 내 블로그의 정체성을 알려주는 정보를 메타태그라고 합니다.

알고리즘이 정보를 얻는 메타태그 영역

앞서 한번 설정해 두었던 내용이죠? 하지만 내 글을 검색 결과에 더 잘 노출하고 싶다면 이 메타태그 영역에서 블로그의 주제와 정체성을 잘 드러내고 있는지 다시 한번 점검해 봐야 합니다. 메타태그 영역에는 앞으로 다루고자 하는 내용과 자신에 대한 키워드를 정해 일관되게 사용하세요.

글의 주목도와 블로그 인기도를 함께 높이는 글 작성법

글의 주목도와 블로그 인기도는 늘 함께합니다. 글이 검색 결과 상위에 노출되어 주목을 받으면 블로그의 인기도가 높아질 수밖에 없죠. 하루에도 수백 개씩 쏟아지는 후기 사이에서 내 글이 돋보이려면 어떻게 해야 할까요? 바로 '직접 체험'을 강조해야 합니다.

앞서 말했듯이 네이버의 알고리즘은 '좋은 정보'를 우선 노출시키도록 발전해 왔습니다. 만약 업체에서 전달받은 원고를 단순하게 수정해서 블로그 글을 발행한다면 네이버는 알고리즘에 의해 이런 글을 검색 결과에서 제외시킵니다. 이렇게 제외된 글이 검색 결과에서 사라지고, 대신 경험한 사실을 자세하게 소개하며 나만이 아는 정보를 공유하는 글이 그 자리를 채우죠.

사용자들과 접점이 더 많아지는 게시물(출처: 네이버 공식 블로그)

네이버는 이제 사람들에게 직접 체험을 기반으로 작성한 완성도 높은 글을 보여주는 것에 집중하고 있습니다. 예를 들어 최근 스마트에디터 ONE에 생긴 내돈내산 기능은 네이버 예약을 통해 매장을 직접 방문했거나 스마트 스토어에서 구매한 이력이 있어야만 글을 발행할 수 있도록 했습니다.

블로그에 신설된 내돈내산 기능

그럼 구매하지 않은 제품의 후기를 작성할 때는 어떻게 해야 할까요? 실제로 체험하지 않았는데 체험한 것처럼 작성한 글, 대가를 받고 체험했다는 사실을 명시하지 않은 글은 네이버 노출 결과에서 제외되므로 제품/서비스를 직접 체험했다는 것을 알려줘야 합니다. 다음 표를 참고하세요!

요소	설명
사람이 직접 사용하는 사진	사람이 제품을 직접 들고 있거나 사용하는 사진이면 직접 체험으로 인지합니다.
영수증 사진	결제 내역을 확인할 수 있는 영수증 사진을 첨부하면 직접 체험으로 인지합니다. 📝 영수증에서 개인 정보는 모자이크 처리해도 됩니다.
계절에 맞는 사진	사진 속 계절까지 식별합니다. 그러므로 한여름에 패딩 점퍼를 입는 등 계절에 맞지 않는 사진을 사용하면 안 됩니다. 단, '한여름에 다녀온 겨울 옷 할인 행사'처럼 제목과 연관이 있으면 괜찮습니다.

메인 블로그, 다음으로 서브 블로그! 내 글의 인기도 지수 올리기

인기도 지수를 올릴 수 있는 방법 중 하나는 글을 스크랩하는 것입니다. 내 글이 여러 블로그에 퍼지면 네이버가 그것을 가치 있다고 판단하는 셈이죠. 처음 블로그를 운영한다면 내 글을 퍼트리기가 쉽지 않을 거예요.

그래서 상위 노출을 원한다면 **서브 블로그**를 만들어 직접 스크랩하는 방법을 추천합니다. 네이버에서는 한 사람이 아이디를 3개까지 개설할 수 있으므로 같은 주제로 서브 블로그를 만들어 운영하며 내 글을 스크랩하면 인기도 지수가 올라갑니다. 자세한 과정은 다음과 같습니다.

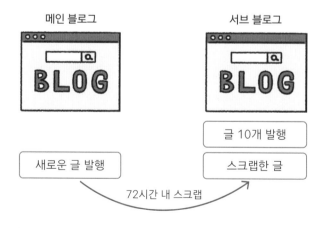

1단계: 서브 블로그 개설		**2단계: 서브 블로그에 글 10개 작성**		**3단계: 메인 블로그 글 스크랩**
메인 블로그와 같은 주제로 서브 블로그를 개설합니다.	➡	메인 블로그와 같은 주제로 서브 블로그에 글을 최소 10개 작성합니다.	➡	메인 블로그에 글을 발행한 뒤 72시간 이내에 서브 블로그로 스크랩합니다.

메인 블로그에서 글을 발행한 뒤 같은 주제로 운영하는 서브 블로그로 스크랩하면 관련이 없는 블로그끼리 서로 스크랩하는 것보다 더 높은 점수를 받을 수 있습니다.

글 하단의 ▣ 아이콘을 클릭하면 번거롭게 직접 복사하고 붙여넣을 필요 없이 스크랩할 수 있으니, 인기도 지수를 높이고 싶다면 이 방법을 활용해 보세요.

♡ 공감 7 ∨   ○ 댓글 6 ∨   클릭 ─

알아 두면 좋아요! | 묶인 글, 왜 생기나요?

네이버 검색 결과에서 간혹 블로그 글의 아래에 작은 글씨로 묶인 글을 볼 수 있습니다. 이런 글은 왜 나타날까요? 바로 자신의 글이 상위에 노출된 상태에서 같은 키워드로 새로운 글을 작성했기 때문입니다.

네이버 알고리즘은 발행 시간이 아닌 누적된 지수에 따라 묶인 글이 노출되는 순서를 결정하므로, 오래전에 작성한 글이라도 누적된 지수가 높다면 더 크게 노출됩니다. 상위에 노출되면 더 많은 사람을 모으려고 같은 키워드로 새로운 글을 작성하고 싶겠지만, 기대한 만큼 성과가 좋지는 않습니다. 새로운 글은 누적된 지수가 적어 무조건 묶인 글로 나타날 수밖에 없기 때문이죠.

블로그 글 아래에 함께 묶여 노출된 글

06-2 유입을 늘려줄 황금 키워드 모으기

#키워드발전   #크리에이터어드바이저   #황금키워드   #블랙키위

키워드는 늘 개발하고 추가해야 하는 중요한 요소입니다. 자신이 사용하는 키워드가 곧 나와 내 블로그를 대표하는 얼굴이 되기 때문입니다. 앞서 03장에서 간단히 알아보았던 키워드를 더 활용해 블로그 상위에 노출될 확률을 높여 봅시다.

최신 유행을 반영하는 도구, 크리에이터 어드바이저

자신의 블로그에서 가장 쉽고 편하게 키워드를 찾는 방법이 있습니다. 크리에이터 어드바이저(creator-advisor.naver.com)에서 지금 검색량이 가장 많은 주제별 키워드를 찾아보겠습니다.

하면 된다! ⟩ 크리에이터 어드바이저에서 실시간 인기 키워드 찾기

01 ❶ 블로그 메인의 프로필 하단에서 [통계]를 클릭하고 ❷ [내 블로그 통계]
❸ [크리에이터 어드바이저]로 접속합니다.

02 [트렌드 → 블로그 → 주제별 인기유입검색어]에서 현재 사람들이 가장 많이 검색하는 키워드를 확인합니다.

03 [성별, 연령별 인기유입검색어] 탭에서 성별과 연령대를 선택해 성별/연령별로 현재 사람들이 가장 많이 검색하는 키워드를 확인할 수도 있습니다. 타깃의 관심사를 메인 키워드로 활용해서 글을 작성해 보세요.

틀린 맞춤법을 키워드로 활용하기

모든 사람이 항상 맞춤법을 완벽하게 지키면서 검색하지는 않습니다. 예를 들어 '아웃백'과 '아웃벡'은 많은 사람이 섞어서 사용합니다. '경성크리처', '경성크리쳐'도 마찬가지입니다. 이렇게 틀린 맞춤법 키워드를 사용하면 경쟁률이 낮으며 노출도 잘 됩니다. 누군가의 실수가 나의 기회가 되는 셈이죠!

'경성크리쳐'를 키워드로 사용해 작성한 글

상위에 노출된 글 교체하기

상위에 노출된 글은 시간이 지나면 방문자 수가 점점 떨어집니다. 하지만 이는 자연스러운 현상이니 걱정할 필요 없습니다. 글이 상위에서 점점 밀려난다면 같은 키워드로 새로운 글을 준비하세요. 단, 세부 키워드나 내용, 이미지는 모두 달라야 합니다. 기존 글에서 식당을 소개했다면, 다음 글에서는 메뉴에 중점을 두어 작성하면 됩니다. 이렇게 글을 작성해 발행하면 메인 키워드와 카테고리에 누적된 점수가 높아서 기존의 글 대신 새로운 글을 상위에 노출할 수 있습니다.

황금알을 낳는 거위, 황금 키워드

황금 키워드란 내 블로그의 방문자 수를 빠르게 늘려주는 키워드를 말하며, 검색량은 많지만 월 발행량이 적은 키워드가 이에 속합니다. 자신만의 황금 키워드를 모으면 블로그를 더 빨리 성장시킬 수 있습니다. 그렇다면 황금 키워드는 어떻게 찾아야 할까요? 블랙키위에서 황금 키워드 찾는 법을 알려드릴게요!

📝 단, 날씨나 연예 뉴스 등은 검색량이 아무리 많아도 황금 키워드로 분류할 수 없으므로 사용에 주의해야 합니다.

하면 된다! ├ 황금 키워드 분석하기

01 ❶ 블랙키위(blackkiwi.net)에서 메인 키워드를 검색합니다. 여기서는 남양주 데이트를 검색해 보겠습니다. ❷ 검색 결과에서 [월간 검색량]과 [월간 콘텐츠 발행량]을 확인합니다.

02 [섹션 분석] 탭을 클릭하고 포스트의 발행일을 확인합니다. 최신성이 높은 글은 새로운 글로 빠르게 대체될 수 있어서 한 번 상위를 차지해도 오랫동안 유지하기 어렵습니다.

03 ❶ [트렌드 분석] 탭을 클릭하고 ❷ [검색 트렌드] 기준을 [일간]으로 바꿉니다. 꾸준히 검색되는 키워드는 봉우리가 여러 개로 나타나는 반면, 잠깐 인기 있는 키워드는 봉우리가 한두 개입니다.

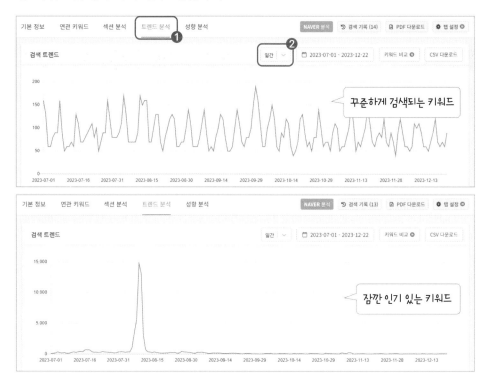

내 블로그에서는 어떤 황금 키워드를 활용할 수 있을까요? 블랙키위에서 원하는 단어를 검색해 황금 키워드인지 확인해 보세요. 당장 생각나는 것이 없다면 다음 예시를 검색해 보는 것도 좋습니다.

키워드	검색량	발행량	황금 키워드 여부
인사동쌈지길	12,800	1,940	○
마늘종요리			

📝 검색량이나 발행량, 황금 키워드 여부가 달라졌나요? 이 수치는 한 달마다 바뀌므로 다를 수 있습니다. 바뀐 수치로 다시 적어보세요!

06-3 조회 수가 이상하다면? 글 누락 확인하기

#글누락 #금칙어 #중복된사진 #저화질 #유사문서 #광고성 #외부링크
#선정성 #불법

글을 발행하면 네이버는 해당 글의 정보성과 활동성을 모두 따져서 노출 순위를 결정합니다. 그런데 금칙어를 비롯해 네이버가 제한하는 행동을 계속하면 글이 누락되어 검색 결과에서 노출되지 않을 수 있습니다. 글 누락이 반복되면 내 블로그에 페널티가 쌓여 저품질의 원인이 됩니다. 글이 검색에서 누락되는 이유가 무엇인지 살펴보고, 네이버에 해결을 요청하는 방법까지 알아보겠습니다.

내 글이 네이버 검색 결과에서 잘 노출되고 있는지 빠르게 확인하는 방법이 있습니다. 내 글의 제목을 복사해 네이버 검색 창에 붙여넣은 후 앞뒤에 큰따옴표(" ")를 추가해 검색하세요. 검색 창에서 큰따옴표는 '큰따옴표 안의 내용과 정확히 일치하는 결과를 찾는다'는 의미입니다. 검색 결과가 나타나지 않으면 글이 누락된 것입니다. 요구하는 내용을 잘 지켜 글을 작성했는데 왜 글이 누락됐을까요?

검색 결과에서 글이 잘 노출되는 경우

검색 결과에서 글이 누락된 경우

검색 결과에서 글이 누락되는 이유와 해결 방법 11가지

검색 결과에서 글이 누락되는 이유는 다양합니다. 네이버는 자정 시스템을 이용해 누락 여부를 결정합니다. 블로그에서 글을 발행한 후 검색에 반영되기까지 시간이 소요되므로 최소 3일(72시간) 정도 기다렸다가 누락 여부를 확인하는 것이 정확합니다.

네이버에서 글이 누락되는 이유 11가지와 해결 방법을 표로 정리했습니다.

글이 누락되는 이유	해결 방법
1. 중복된 사진	똑같은 사진을 여러 번 사용하면 중복 문서로 분류되어 누락됩니다. 네이버는 색감과 구도로 사진이 중복되었는지 판단하므로 직접 찍은 사진이 아니라면 색감이나 구도를 다르게 바꿔서 사용하세요. 직접 찍었더라도 기존에 사용하던 사진을 다시 쓰면 중복된 사진으로 인식하므로 반드시 재가공해서 사용해야 합니다. 📝 무료 사진이 아니라면 사진을 수정해서 사용하는 것도 저작권법에 걸릴 수 있으므로 유의하세요.
2. 화질이 나쁜 사진	사진의 선명도가 떨어지면 콘텐츠를 신뢰하기 어려운 것으로 판단합니다. 글에서 저화질 사진을 한 장만 사용하면 그 사진만 누락되지만, 여러 개 사용하면 글이 누락될 수 있습니다. 선명한 사진으로 바꾼 다음 글을 발행하세요.
3. 유사 문서	누군가에게 받은 원고를 그대로 올리거나 비슷한 시기에 똑같은 키워드를 사용한 글을 대량으로 발행하면 중복 문서로 분류되어 글이 누락될 수 있습니다. 전달받은 원고를 사용할 땐 자신만의 말투로 바꿔서 글을 발행하세요.
4. 과도한 키워드 반복	상위에 노출하고 싶은 욕심 때문에 문장의 맥락을 파괴하면서 특정 키워드를 반복해서 사용하면 광고성으로 분류해 글이 누락될 수 있습니다. 키워드는 문장 안에 자연스럽게 녹여 사용하세요.
5. 외부 링크 삽입	네이버는 플랫폼 안에 사람들이 계속 머무르는 것을 좋아합니다. 그러므로 네이버에서 운영하는 스마트스토어, 플레이스 등으로 연결하는 링크는 문제가 없습니다. 하지만 쿠팡 파트너스, 틱톡 등 외부 채널로 이탈시키는 링크는 좋아하지 않습니다. 단축 URL을 만들어 주는 웹사이트를 이용해서 우회한 링크를 삽입하세요.
6. 선정성 높은 콘텐츠	특정 신체 부위 등 선정성이 높은 사진이 포함되어 있으면 글이 누락될 수 있습니다. 선정성 높은 내용은 삭제하세요.

7. 불법 콘텐츠	도박, 마약과 같은 불법 콘텐츠는 누락 대상입니다. 외부 링크를 삽입해 웹사이트로 연결하는 경우도 마찬가지입니다. 불법 콘텐츠는 글에 포함시키지 마세요.
8. 링크를 여러 개 삽입	참고용으로 이전에 작성한 글의 링크를 삽입하는 것은 체류 시간을 늘리고 콘텐츠에 대한 만족도를 높이는 데 도움을 줍니다. 하지만 링크를 지나치게 많이 삽입하면 오히려 홍보성으로 분류되어 글이 누락될 수 있습니다. 링크는 최대 3개만 사용하세요.
9. 동일한 링크 반복	동일한 링크를 반복해서 사용하면 글이 누락될 가능성이 높아집니다. 단축 URL을 만들어 주는 웹사이트를 이용해서 우회한 링크를 삽입하세요.
10. 무분별한 태그 삽입	태그의 목적은 정보 수집입니다. 글의 통일성을 방해할 정도로 태그를 너무 많이 넣으면 콘텐츠가 누락될 수 있습니다. 본문 안에는 되도록 태그를 사용하지 말고, 태그 편집 기능을 이용해 글 밖에 태그를 추가하세요.
11. 아이피를 여러 개 사용	아이피(IP)를 여러 개 사용해서 글을 발행하면 광고성으로 인식해 블라인드 처리될 수 있습니다. 블로그 관리를 외부 업체에 맡기는 사업자라도 아이피는 하나만 사용하는 것이 좋습니다.

누락된 콘텐츠는 원인을 파악하고 해결해 다시 노출시킴으로써 네이버 알고리즘이 부여한 페널티를 해제해야 합니다. 단, 글을 삭제하면 페널티가 그대로 누적된다는 점에 주의해야 합니다. 만일 글이 누락되었다면 삭제하지 말고 앞에서 열거한 11가지 원인을 참고해 문제를 해결하세요.

단축 URL을 만들어 주는 웹사이트 중 가장 유명한 보라(vo.la)를 소개합니다. 사이트에 접속한 후 로그인하고 단축할 링크를 붙여넣은 다음 [URL단축]만 클릭하면 간편하게 단축 URL을 만들 수 있습니다. 매월 100개까지 무료로 단축 URL을 만들 수 있으며, [링크 통계]를 클릭하면 몇 명의 사람들이 링크를 클릭했는지 살펴볼 수도 있어 편리합니다.

단축 URL을 만드는 사이트 '보라'

네이버에서 사용할 수 없는 단어, 금칙어!

자신도 모르게 글에 사용해서는 안 되는 단어를 추가했을 수도 있습니다. 네이버는 특정 단어를 **금칙어**로 분류하고, 만약 글에 삽입되어 있으면 검색 제한에 걸려 노출에서 제외하는 **블라인드 정책**을 시행하고 있습니다. 네이버 알고리즘에서 금칙어 적용 대상으로 취급하는 단어의 종류는 다음과 같습니다.

📝 네이버에서는 '금칙어' 대신 '금지어'라고 말하기도 합니다.

구분	내용
개인정보 유출 및 특정인을 비방하는 콘텐츠	주민등록번호, 휴대전화 번호, 주소 등 누군가에게 피해를 줄 수 있는 내용
청소년 유해 콘텐츠	불법, 음란, 자살, 도박, 마약 등 청소년에게 해로운 정보를 제공하는 내용
네이버의 신뢰도를 떨어트리는 콘텐츠	악성코드 등을 유포하는 내용

하면 된다! ⟩ 금칙어 검사로 블로그 지수 높이기

금칙어가 많으면 낮은 점수를 받게 되므로 상위에 노출되기 어렵습니다. 금칙어
를 검사하는 방법을 알아보겠습니다.

01 셀프모아 금칙어 조회 웹사이트(selfmoa.com/filter/wordcheck.php)에 접속합
니다.

02 ❶ 입력 칸에 금칙어를 검사할 글을 붙여넣은 뒤 ❷ [확인하기]를 클릭합니다.

03 ❶ 빨간 글자로 나타난 금칙어를 확인합니다. 모두 평소에 사용하는 말이지만 금칙어로 지정되어 있으니 수정해야 합니다. ❷ 금칙어를 모두 수정하고 다시 복사해 빈칸에 붙여넣은 뒤 ❸ [확인하기]를 클릭합니다.

04 빨간 글자가 나타나지 않을 때까지 글을 수정한 후 블로그에 발행해 보세요.

꺼러운 요즘이다. 이런 시기엔 집밖에 나가지 않는 것이 좋겠지만 집 안에만 있다 보면 가끔 사람들하고 노는 것도 그리운 것이 사실이다. 아사히 생맥주 캔을 박스째로 구했다는 소식을 전해왔기에 부랴부랴 주말 모임을 위해 여주로 출발. 며칠 전 검진에서 술 먹으면 안된다고 픽업하면서 롯데월드 몰에서 가볍게 점심 식사를 하고 다 같이 먹을 디저트 맛집을 검색하기 시작했다. 롯데월드 몰과 연결된 롯데백화점 데일리 소유. 정식 입점은 아니고 2주 동안 팝업으로 판매 중이라고 한다. 팝업이라 제품의 종류는 많지 않았고 가격도 내 기준으로는 조

누락된 글을 살리자! 네이버에 검색 반영 요청하기

글을 정성스럽게 작성해서 업로드했는데 네이버에서 노출되지 않는다면 실망스럽겠죠? 충분히 기다려도 여전히 노출되지 않는다면 네이버에 블로그 검색 반영 요청을 할 수 있습니다.

하면 된다! ╽ 누락된 내 글, 검색 반영 요청하기

01 네이버에서 블로그 검색 반영 요청을 검색해 [검색 반영 요청하기 : 네이버 검색 고객센터]를 클릭합니다.

검색 반영 요청하기 : 네이버 검색 고객센터
네이버 서비스 이용에 필요한 고객센터 도움말을 확인해 보세요. **검색**과 스마트봇으로 더욱 쉽고 빠르게 궁금한 점을 해결할 수 있습니다.

검색 반영 요청 (블로그) : 네이버 **검색** 고객센터
게시물이 **검색**결과에 상위 노출되지 않는 경우, 네이버는 '좋은 문서'를 판단해 **검색**에 노출시...

02 ❶ [네이버 블로그]를 선택하고 ❷ [검색 반영 요청 바로가기]를 클릭합니다.

03 필요한 정보를 작성하고 [문의하기]를 클릭합니다.

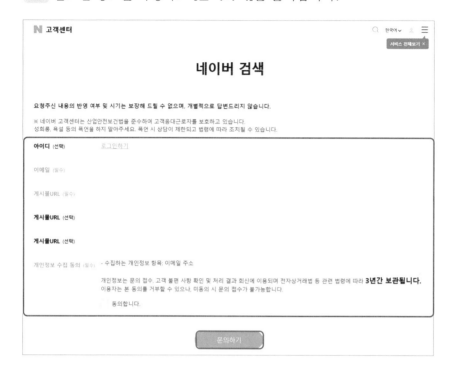

이제 네이버가 작성한 내용을 바탕으로 글 검색 반영 여부를 결정합니다. 누락된 글이 노출되기까지는 3일 정도 걸립니다. 3일 후 다시 제목을 큰따옴표(" ")로 묶어 검색해 보세요. 만약 이후에도 글이 검색되지 않는다면 글 자체에 문제가 있는 것입니다. 누락되는 이유에 해당하는 것은 없는지 다시 한번 살펴보세요.

06-4 추가 유입으로 블로그 확장하기

#조회수 #이슈글 #네이버플레이스 #지식인 #태그 #연예인정보 #홈쇼핑정보 #영화줄거리

내 블로그를 지금보다 더 키우려면 어떻게 해야 할까요? 글을 노출시키고 추가 유입을 유도할 수 있는 4가지 방법을 알아보겠습니다. 이와 더불어 단시간에 방문자 수를 폭발적으로 늘릴 수 있는 이슈 글 작성 방법과 주의할 점도 함께 소개합니다.

방법 1: 주말 조회 수 상승의 숨은 열쇠, 네이버 플레이스

음식점을 검색할 때 사람들은 이용한 손님의 후기를 중요한 기준으로 생각합니다. 분위기 좋은 카페나 맛집의 후기를 작성하면 주말 유입량이 평소보다 2배 이상으로 뛰기도 합니다. 이때 확인

네이버 플레이스

해야 하는 것이 바로 **지도**입니다. 내 후기에는 지도가 들어 있나요? 없다면 바로 수정해 두세요. 지도를 삽입해야 네이버 플레이스에 자동으로 연결되어 추가 유입을 이끌어낼 수 있습니다. 네이버 플레이스에 글이 노출되면 검색 결과에서 상위에 노출되지 않아도 사람들이 저절로 유입됩니다.

📝 지도는 스마트에디터 ONE에서 [장소] 버튼을 클릭해 넣을 수 있어요.

> 네이버에서 장소 이름을 검색해 보세요!

장소 검색 결과를 하나로 모아 보여주는 네이버 플레이스

네이버 플레이스에서 보이는 블로그리뷰

방법 2: 지식도 알리고 유입률도 높이는 네이버 지식인

지식인에서 답변을 달고 자신의 블로그에서 참고할 만한 글의 링크를 달아놓으면 내 블로그로 유입시킬 수 있습니다. 법률, 회계 등에서 정확한 정보를 제공할수 있는 전문가라면 검색 결과 상위에 노출되지 않더라도 지식인 활동만으로 자신의 블로그 방문자 수를 늘릴 수 있습니다.

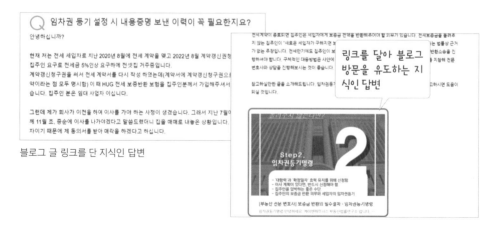

블로그 글 링크를 단 지식인 답변

네이버에서는 블로그 탭 외에도 동영상 탭, 이미지 탭, 지식인 탭 등 다양한 곳에서 내 블로그를 노출할 수 있습니다. 글을 작성할 때는 모든 탭에서 블로그가 노출되도록 동영상, 사진, 글감 등 다양한 요소를 사용해 보세요.

방법 3: 해시태그의 쌍둥이인 태그!

해시태그(#)는 인스타그램 등의 SNS에서 관련된 정보를 묶음으로 표현하는 기호입니다. 사람들은 관심사와 관련한 정보를 쉽게 찾을 수 있고, 글 작성자는 콘텐츠를 빠르게 확산할 수 있습니다. 이 해시태그는 블로그에서 태그라는 이름으로 불립니다.

'태그'와 '키워드'는 같은 역할이에요! 태그는 글 아래 분리된 공간에 키워드를 한 번 더 정리해 주기 위해 활용해요.

태그를 사용하면 상위에 노출된 글에서 내 블로그로 사용자를 유입시킬 수 있습니다. 예를 들어 볼까요? 모바일에서 **홍대 프로필 촬영**을 검색한 다음 상위에 노출된 글에 들어가니 아래에 다른 블로거가 작성한 글이 노출됩니다. 검색 결과보다 훨씬 적은 수의 블로그만 나타나므로, 적절한 태그를 사용하고 눈에 띄는 섬네일과 매력적인 제목을 더하면 내 블로그로 유입될 확률이 높아집니다.

📝 PC에서 태그를 클릭하면 그 블로거가 작성한 다른 글이 노출됩니다. PC에서는 태그가 검색어의 역할을 해요.

모바일에서 다른 블로그의 글을 노출하는 태그

그런데 태그는 계속 그대로 두는 것이 좋을까요? 글을 발행할 때는 태그를 넣어야 하지만, 글이 상위에 노출되면 해당 키워드를 태그에서 지우는 것이 좋습니다.

불필요한 태그는 유입된 방문자가 글 끝에 나타난 다른 블로거의 글로 이탈하도록 만들기 때문입니다. 상위에 노출된 태그를 지우면 경쟁을 줄이고 내 콘텐츠에 집중할 환경을 만들 수 있습니다.

태그 지우기는 모바일 환경에서 이탈을 막기 위해 필요해요!

하면 된다! ⟩ 상위에 노출된 태그 지우기

01 작성했던 태그를 검색합니다. 태그를 검색했을 때 내 글이 앞 순서로 검색된다면 이 태그를 삭제해 방문자 이탈을 막아야 합니다.

상위에 노출된 내 글을 클릭한 사람이 글 아래의 다른 블로그로 이탈하지 않도록 해야 해요!

02 수정하고 싶은 글을 클릭하고 ❶ [수정하기]를 선택한 후 ❷ [태그 편집]으로 이동합니다.

03 태그를 클릭하면 회색 배경 상자가 생기고, Delete 키를 누르면 삭제됩니다. ❶ 상위에 노출된 키워드를 [태그 편집]에서 모두 삭제하고 ❷ [발행]을 클릭해 글을 저장하세요.

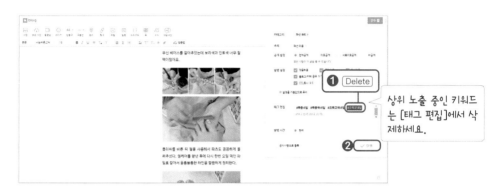

방법 4: 요즘 가장 뜨거운 주제! 이슈 글

'이슈 글'이란 현재 검색량이 많아지고 있거나, 또는 앞으로 많아질 것으로 예상되는 키워드와 관련한 내용을 작성해 유입을 늘리는 글을 말합니다. 검색량이 갑자기 늘어난 키워드는 지금까지 네이버 검색 결과에 노출된 콘텐츠가 별로 없거나, 있다고 하더라도 현재의 이슈에서 벗어난 경우가 많습니다. 이때 재빨리 이슈에 맞게 글을 작성하면 검색 결과 상위에 노출되면서 내 블로그에 많은 방문자를 유입시킬 수 있습니다.

예를 들어 드라마 전문 블로거가 오늘 방영된 드라마의 후기를 재미있게 작성하거나, 특정 연예인의 열렬한 팬인 블로거가 자신만 갖고 있는 콘텐츠를 작성한다면 이슈가 되어 방문자가 급증하더라도 만족도가 높아 좋은 영향을 줍니다. 이슈 글은 3가지 종류가 있습니다.

1. 연예인 정보

예능 프로그램이 방영되면 프로그램에 출연하는 연예인의 검색량이 갑자기 늘어납니다. 이때 연예인 관련 정보를 올려둔 글이 있다면 방문자 수를 손쉽게 늘릴 수 있습니다. 연예인의 경우 대개 학력, 나이, 결혼 유무, 배우자, 열애설과 같은 콘텐츠를 찾아보는 사람이 많습니다. 그러므로 단기간에 방문자를 모으고 싶다면 이러한 정보를 알려주는 콘텐츠를 제작해 보세요.

단, 연예인의 전화번호, 주소 등 민감한 개인 정보나 연예인을 비방하는 내용을 다루면 소속사에서 법적인 조치를 취할 수 있으므로 주의해야 합니다.

예능 프로그램에서 얻을 수 있는 이슈 글의 소재

2. 홈쇼핑 정보

생각보다 홈쇼핑 정보를 네이버에서 검색하는 사람이 많습니다. 검색 창에서 **홈쇼핑 편성표**를 검색하면 [파워링크] 아래의 [편성정보]에서 시간대별로 방송되는 제품을 미리 확인할 수 있습니다. 특히 '건강기능식품'과 같은 주제는 특정 성분의 부작용이나 복용하면 안 되는 체질 등 사람들이 궁금해할 만한 정보를 미리 작성해 두면 유입을 높일 수 있습니다.

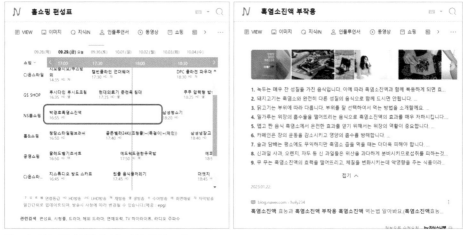

홈쇼핑 편성표에서 얻을 수 있는 이슈 글의 소재

3. 영화 줄거리

텔레비전에서 방영하는 영화의 줄거리를 검색하는 사람도 종종 있습니다. 각 텔레비전 영화 채널 웹사이트에서 [편성표]를 클릭하면 방영하는 영화 제목이 나옵니다. 텔레비전 영화 채널에서는 같은 영화를 반복해서 편성하므로 한번 글을 작성하면 특정 월별 또는 분기별로 매번 새로운 유입을 모을 수 있습니다. 이때 제목에는 결말까지 포함되어 있다는 것을 미리 알리는 것이 좋습니다.

OCN 채널의 홈페이지

영화를 방영하기 최소 2~3일 전에 글을 발행하세요.

영화 편성표에서 얻을 수 있는 이슈 글의 소재

이슈 글은 오랜 시간 공들여 작성하지 않고 뉴스 기사나 다른 콘텐츠를 도용해 짜깁기하는 경우가 많습니다. 콘텐츠의 품질이 떨어지는 글은 사람들의 만족도를 떨어뜨리는 요인으로 작용합니다. 네이버의 검색 랭킹 알고리즘을 알아야 하는 이유가 여기에 있습니다.

네이버의 검색 랭킹 알고리즘은 사람들의 만족도를 높이기 위해 검색 의도를 실시간으로 분석하고 관련도가 높은 문서를 구분합니다. 그뿐만 아니라 검색 패턴과 문서의 구성을 분석해 사람들이 선호하는 콘텐츠가 많은지, 신뢰할 수 있는지를 종합적으로 판단한 후 검색 결과에 노출되는 순서를 결정합니다. 따라서 일시적으로 방문자 수가 늘어났다고 하더라도 만족도가 낮다면 문서 품질 평가와 블로그의 신뢰도에 좋지 않은 영향을 미칩니다. 블로그를 운영하는 특정한 주제와 목적이 있는데도 관련 없는 이슈 글을 작성하는 경우를 예로 들 수 있습니다.

한의원 블로그에서 연예 이슈 글을 발행한 사례(출처: '네이버 검색' 공식 블로그)

06-5 블로그 확산을 위한 이웃 관리하기

#이웃 #서로이웃 #안내메시지

이웃은 블로그 운영의 '숨은 조력자'라 할 만큼 중요합니다. 블로그를 운영할 때 이웃이 필요한 이유는 크게 3가지입니다. **첫째**, 나의 글에 반응하고 소통하는 사람들이 있으면 블로그를 좀 더 재밌게 운영하고, 나아가 커뮤니티를 만들어 오프라인에서도 소통할 수 있습니다. **둘째**, 이웃이 내 글에 좋아요, 댓글 등을 달아주면 블로그 활동 점수가 쌓입니다. **셋째**, 이웃이 체험단이나 협찬의 기회를 줄 수도 있습니다. 필자도 자주 소통하는 블로거에게 재직하고 있는 회사의 체험단을 의뢰하며 신뢰를 쌓곤 했답니다. 블로그 운영 초반에는 '내 팬'인 이웃 만들기가 어려우므로, 먼저 '서로의 팬'이 되어 주는 서로이웃 늘리기를 목표로 하는 것이 좋습니다.

서로이웃 신청란에 나를 알리는 안내 메시지를 설정해 두세요!

처음 블로그를 개설하면 서로이웃 신청란의 안내 메시지에 아무런 멘트도 적혀 있지 않습니다. 이 공간에 나를 알릴 수 있는 멘트를 정성스럽게 적어 두면 조금 더 잘 관리된 블로그로 보입니다.

다음 두 사람 중에 여러분은 누구에게 서로이웃을 신청하고 싶나요? 서로이웃을 빠르게 늘리고 싶다면 안내 메시지 기능을 활용해 자신을 소개해 보세요.

안내 메시지를 설정하지 않은 경우

안내 메시지를 설정한 경우

하면 된다! 〉 서로이웃 신청에서 안내 메시지 바꾸기

01 ❶ 블로그 메인의 프로필 하단에서 [관리]를 클릭합니다. ❷ [기본 설정]에서 ❸ [서로이웃 신청]을 선택합니다.

02 오른쪽 [서로이웃 신청]에서 ❶ [안내메시지] 탭을 클릭해 ❷ 내용을 수정하고 ❸ [확인]을 클릭하세요.

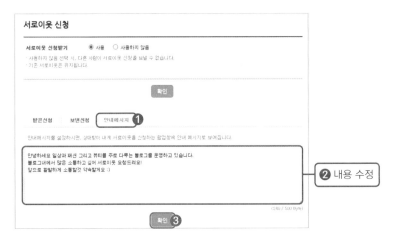

03 이제 누군가 나에게 서로이웃을 신청하면 안내 메시지가 나타납니다.

안내 메시지를 정성스럽게 작성했는데도 서로이웃을 수락해 주지 않을 수 있습니다. 서로이웃이 한번에 많아지지 않는다고 해서 실망하지 말고 우선 나와 비슷한 주제를 다루는 사람에게 꾸준히 서로이웃 신청을 보내 보세요.

서로이웃을 늘리는 2가지 방법

블로그를 처음 운영하다 보면 서로이웃을 어떻게 늘릴지 막막할 것입니다. 가장 좋은 방법은 나와 비슷한 주제를 다루는 블로그를 찾아보는 것입니다. 블로그 지수를 높이고 싶다면 활동을 많이 하는 블로그를 기준으로 신청해야 합니다. 그런 블로그는 어떻게 찾을 수 있냐고요? 조금 더 자세히 알아봅시다!

인플루언서의 이웃을 내 서로이웃으로 만들기

비슷한 분야에서 활동하는 인플루언서의 이웃을 그대로 추가할 수 있습니다. 인플루언서는 대체로 이웃을 세 자릿수 이상 보유한 경우가 많아서 관심사가 비슷한 사람에게 서로이웃 신청을 할 수 있습니다.

하면 된다! ⑂ 비슷한 분야 인플루언서의 이웃을 그대로 추가하기

01 네이버 검색 창에서 네이버 인플루언서를 검색해 웹사이트(in.naver.com)에 접속합니다.

02 내 블로그와 맞는 주제를 선택하고 눈에 띄는 인플루언서를 클릭합니다.

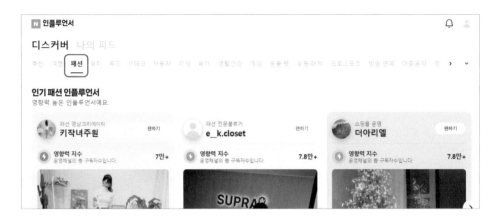

03 선택한 인플루언서의 개인 페이지가 나타납니다. 상단에서 [피드 → blog OOO]을 클릭하면 블로그 글만 모아서 볼 수 있습니다. 글을 클릭해 인플루언서의 블로그에 접속하세요.

04 [이웃 커넥트(Neighbor Connect) → 나를 추가한(Followers)] 탭을 클릭합니다. 서로이웃을 신청하고 싶은 블로거를 클릭하면 그 사람의 블로그로 이동합니다.

한글 위젯

영문 위젯

블로그에서 공개하지 않았다면 이웃 현황이 보이지 않을 수 있습니다. 다른 블로그를 찾아보세요.

05 서로이웃을 신청하고 싶은 사람의 블로그에서 ❶ [+이웃추가]를 클릭한 뒤 ❷ [서로이웃으로 신청합니다 → 다음]을 클릭합니다. ❸ 추가할 그룹을 선택하고 ❹ [다음]을 클릭한 뒤 ❺ [닫기]를 클릭하면 서로이웃 신청이 끝납니다.

알아 두면 좋아요! │ 유명 인플루언서 블로그 직접 검색하기

네이버에서 유명 인플루언서의 블로그를 검색해 접속합니다. 인플루언서의 글 하단에 있는 [공감] 버튼을 클릭하면 아래에 [이 글에 공감한 블로거]가 나타납니다. 오른쪽의 [+이웃추가]를 클릭해 서로이웃을 신청하세요.

공감 버튼을 클릭하면 나타나는 블로거 목록

특정 주제에 반응하는 서로이웃 추가하기

자신의 글에서 사용한 키워드로 검색했을 때 상위에 노출된 블로거의 글에 실제로 반응하는 사람들을 서로이웃으로 추가할 수 있습니다. 서로이웃 추가로 자신의 블로그에 관심 있는 사람과 직접 소통하는 전략은 블로그의 성장에 도움이 됩니다.

하면 된다! 〉 주제 기반으로 서로이웃 추가하기

01 내가 다루고자 하는 주제를 네이버에서 검색한 뒤 상위에 노출된 블로그의 글을 클릭합니다.

상위에 노출된 글을 클릭해 접속하세요.

02 글 하단의 [댓글쓰기] 영역에서 실제로 글을 읽고 의견을 나누는 블로거에게만 서로이웃을 신청합니다. 프로필을 클릭해 블로그로 이동한 후, 앞서 설명한 대로 [+이웃추가]를 클릭하면 됩니다.

글의 주제에 정말로 관심을 보이는 사람을 선별해 이웃으로 추가하세요.

06-6 이럴 땐 이렇게! 블로그 관리 질문 사전

#FAQ #1일1포 #저품질 #글수정 #블로그주제 #구매평 #키워드구매 #띄어쓰기 #원고게시요청 #블로그대여

블로그를 운영하려고 공부하다 보면 다양한 채널에서 정보를 쉽게 얻을 수 있습니다. 하지만 그중에는 이른바 '카더라' 소문도 꽤 많습니다. 블로그를 운영하면서 가장 많이 듣는 질문이나 소문을 추려서 정확한 답변을 알려드릴게요!

Q1. 1일 1포스팅은 필수인가요?

깊이가 없는 콘텐츠를 1일 1포스팅하는 것보다 깊은 주제를 다루는 정보 글의 비중을 높이는 것이 장기적으로 블로그를 운영하는 데 더 도움이 됩니다. 한때 리브라, 소나 알고리즘에서는 블로그를 개설한 뒤 일정 기간 동안 1일 1포스팅으로 정보를 쌓으면 상위에 노출될 수 있었습니다. 하지만 그 결과 광고 콘텐츠들이 상위에 노출되었고, 네이버는 씨랭크 알고리즘으로 전문성을 갖춘 글을 상위에 노출시키기 시작했습니다.

Q2. 저품질 블로그, 정말 있나요?

네이버는 저품질 블로그와 최적화 블로그의 존재를 부정하고 있습니다. 그러나 네이버에 올라온 다양한 글을 살펴보면 검색 결과에서 잘 나타나지 않는 블로그에 공통된 패턴을 확인할 수 있습니다. 네이버의 검색 알고리즘은 발전하고 있으며, 다양한 요소에 점수를 부여하고 이를 종합해 검색 결과를 정렬합니다. 따라서 완성도 높은 콘텐츠를 제공하고 사람들의 니즈를 충족시키는 것이 더 긍정적인 결과를 가져옵니다.

Q3. 글을 발행한 후 수정하면 블로그가 저품질이 되나요?

글을 발행한 후 내용을 약간 수정하는 것은 아무런 영향을 미치지 않습니다. 하지만 키워드를 수정하면 키워드를 통해 누적된 지수가 흔들려 순위가 하락합니다. 이러한 행동을 반복하면 블로그가 저품질이 될 수도 있습니다.

Q4. 내 블로그의 주제는 어떻게 결정되나요?

 네이버는 최근 3개월간 발행한 글의 주제와 개수를 고려해 블로그의 주제를 분류합니다. 만약 다른 주제로 3개월 동안 지속해서 글을 작성하면 네이버는 블로그를 해당 주제로 분류하고 노출시킵니다.

Q5. 구매평 체험단 후기를 작성할 때 같은 사진을 사용해도 되나요?

 구매평 체험단에 참여하면 블로그와 제품을 구매한 쇼핑몰 웹사이트에 후기를 각각 작성해야 합니다. 아직까지 다른 쇼핑몰 웹사이트의 후기와 블로그 후기가 중복 문서로 걸린 사례는 없습니다. 하지만 내 블로그에 등록하는 사진이 처음 사용한 사진으로 보일 수 있도록 블로그 글을 발행한 후에 쇼핑몰 후기를 작성하거나 아예 사진을 많이 찍어 다른 사진을 사용하는 것을 추천합니다.

Q6. 황금 키워드, 구매해서 사용해도 되나요?

 유행을 따라 다양한 키워드를 다루면 주제가 없는 블로그가 됩니다. 네이버 알고리즘은 한 가지 주제에 깊이 있는 정보를 제공하는 블로그에게 혜택을 주므로 전문성과 신뢰성을 쌓으며 블로그 활동을 이어가는 것이 좋습니다.

Q7. 키워드를 작성할 때 띄어쓰기는 마음대로 해도 되나요?

글을 쓸 때 사용하는 키워드의 띄어쓰기는 네이버에서 제안하는 연관 검색어를 그대로 따라하는 것이 좋습니다. [연관 검색어]에서 키워드를 클릭했을 때 자신의 블로그가 검색될 확률이 높아지기 때문입니다.

연관 검색어에서 참고해야 할 띄어쓰기

Q8. 출처를 알 수 없는 원고의 게시 요청, 수락해도 될까요?

블로그를 운영하다 보면 출처를 알 수 없는 원고를 블로그에 올리면 거액을 주겠다는 제안을 자주 받습니다. 이메일이나 쪽지로 받게 되는 이러한 요청은 대부분 저품질 블로그가 되는 주제를 다뤄야 하거나 약속된 금액을 지급받지 못하는 경우도 많으므로 주의해야 합니다.

원고를 게시해 달라고 요청하는 쪽지

Q9. 블로그 대여 요청이 자주 들어오는데, 수락해도 되나요?

블로그 생성 일자가 오래되면 블로그 자체를 구입하겠다거나 카테고리를 대여해 달라는 제안을 자주 받습니다. 하지만 좋은 의도로 구입하는 경우는 많지 않으니 주의해야 합니다. 또한 카테고리를 대여해 주고 나서 광고 글이 발행돼 애써 키운 블로그가 검색 결과에서 사라지는 불상사가 일어날 수도 있다는 점을 명심해야 합니다.

블로그 대여를 홍보하는 쪽지

네이버 큐로 블로그 유입률을 높이자!

네이버에서는 최근 챗GPT의 대항마로 큐(Cue:) 서비스를 런칭했습니다. 네이버 큐는 네이버에서 새롭게 선보인 인공지능(AI) 검색 서비스인데, 한국어를 기반으로 하므로 정확도가 챗GPT보다 훨씬 높습니다. 네이버 큐로 블로그 유입률을 어떻게 높일 수 있냐고요? 지금부터 함께 알아 봅시다.

네이버 큐

📝 현재는 대기 명단에 등록해 승인을 받아야 이용할 수 있습니다(2024년 기준).

네이버 큐 신청하기

01. 네이버에 로그인한 뒤 '네이버 큐 웹사이트(cue.search.naver.com)'에 접속합니다. 화면이 나타나면 [대기 명단 등록하기]를 클릭합니다. 큐 서비스 이용 약관 동의 화면이 나타나면 동의 항목에 체크한 다음 [동의하고 대기명단 등록하기]를 클릭합니다.

네이버 큐 메인 화면

네이버 큐 이용하기

02. 30분쯤 후 네이버 큐 웹사이트에 새로 접속하면 [대기 명단 등록하기] 버튼이 다음과 같이 [대화하기] 버튼으로 바뀌어 있을 것입니다. 이제부터 네이버 큐에서 대화형 AI 검색 서비스를 자유롭게 이용할 수 있습니다. [대화하기]를 클릭하세요.

03. 다음 화면이 나타나면 하단에 검색어를 입력해 보세요.

질문에 따라 '참고정보'를 제공하기도 합니다.

네이버 큐 대화 화면

네이버 큐는 네이버의 방대한 정보 중 가장 연관도가 높은 콘텐츠를 요약해서 보여줍니다. 정보 제공을 목적으로 하는 블로그에는 더 많은 노출 기회가 생긴 것이죠! 특히 내 블로그를 직접 노출할 수 있는 '참고정보'는 꼭 챙겨야 합니다. 네이버 큐의 답변을 참고해 자세한 정보를 담은 글을 계속해서 작성하세요. 언젠가는 네이버 큐에서 자신의 글을 보게 될 수도 있어요!

07

블로그 수익화 방법, 여기에 다 모았다!

블로그를 운영한다면 누구나 수익화에 활용할 수 있습니다. 블로그는 가장 노출이 많이 되는 검색 플랫폼인 만큼 제품을 직접 구매하는 소비자와 접점이 높기 때문입니다. 지금까지 많이 알려진 '애드포스트' 이외에도 다양한 방법이 있다는 사실, 알고 있나요? 블로그를 수익화에 활용하는 4가지 방법을 소개합니다. 지금까지 쌓아온 지식과 잘 성장한 블로그를 활용할 수 있는 방법, '체험단 모집 대행'과 '지식창업'도 덤으로 알려드릴게요!

07-1 빠르고 쉽게 부수입 만들자! — 애드포스트

07-2 좋은 제품 알리고 수익 얻자! — 제휴 마케팅

07-3 블로그 글, 내가 대신 쓴다! — 원고 작가

07-4 쇼핑몰, 쉽게 만들자! — 블로그 마켓

상위 1% 블로그의 비밀 | 체험단 모집 대행/지식창업에도 도전해 보세요!

#애드포스트   #신청조건

애드포스트는 창작자가 만든 콘텐츠를 광고와 연계해 수입을 창출해 주는 보상 서비스입니다. 내가 정성을 들여 쓴 글에 네이버가 자동으로 광고를 삽입해 주고, 그 광고를 클릭해 발생한 수익도 나누어 주므로 아주 편리합니다.

애드포스트를 신청한 후 심사에 통과하면 광고가 글의 중간과 하단에 자동으로 붙습니다. 애드포스트로 처음부터 높은 수익을 기대하기는 어렵지만, 글을 꾸준하게 쓰기만 하면 수익이 생기므로 처음 수익화를 시작하는 데 도움이 됩니다.

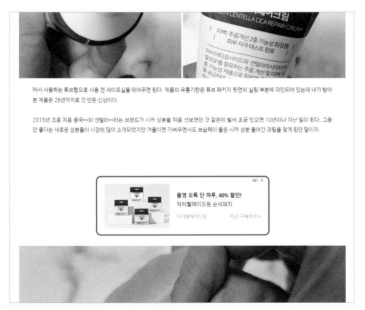

애드포스트 광고 예시

더 큰 수익 창출의 시작! 애드포스트 회원 가입하기

네이버에서는 애드포스트 회원으로 가입하는 데 필요한 조건을 정확히 밝히지 않았습니다. 하지만 블로거들의 경험에 따르면 블로그를 개설한 지 90일 이상 되어야 하고, 일 평균 방문자 수가 100명 이상 되어야 가입을 승인해 줍니다. 자신의 블로그가 기준에 맞는지 알고 싶다면 우선 애드포스트에 회원 가입해 보세요.

하면 된다! 〉 애드포스트 회원 가입하고 내 블로그 연결하기

01 먼저 네이버에 접속해 로그인한 뒤 ❶ 네이버 애드포스트(adpost.naver.com)에 접속한 후 [애드포스트 시작하기]를 클릭합니다. ❷ [애드포스트 회원가입하기] 창이 뜨면 동의할 항목에 체크한 뒤 ❸ [다음 단계]를 클릭합니다.

02 회원 인증을 진행합니다. 개인 회원은 자동으로 나타난 내용을 확인하면 되고, 사업자로 가입하고 싶다면 ❶ [개인 사업자로 가입]을 클릭해 ❷ 업체명과 사업자 등록번호를 입력합니다. 중복 검사까지 마쳤다면 ❸ [다음 단계]를 클릭합니다.

개인 회원이라면 바로 [다음 단계]를 클릭하세요.

03 개인 정보와 수입 지급 정보 등의 회원 정보를 입력합니다. 모두 입력했다면 하단의 [다음 단계]를 클릭합니다.

04 애드포스트 회원 가입을
마쳤습니다. 가입이 완료되었
다는 창이 뜨면 내 블로그를 연
결해 수익을 얻을 수 있도록
[미디어 등록]을 클릭합니다.

05 [미디어 관리] 창에서 [네이버 미디어 등록하기]를 클릭합니다.

06 [미디어 등록] 창의
[미디어 종류 선택]에서
❶ [네이버 블로그]를 선
택한 후 ❷ [확인]을 클릭
합니다.

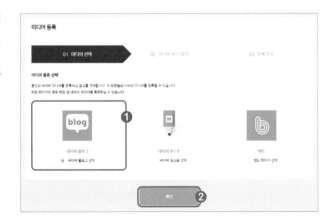

07 ❶ [미디어추가]에서 [세부 미디어를 선택하세요.]를 클릭해 애드포스트를 등록할 블로그를 선택합니다. ❷ 바로 밑의 [선호 주제 설정]에서 [선호 주제를 선택하세요.]를 클릭해 원하는 광고 주제를 선택한 후 ❸ [확인]을 클릭합니다.

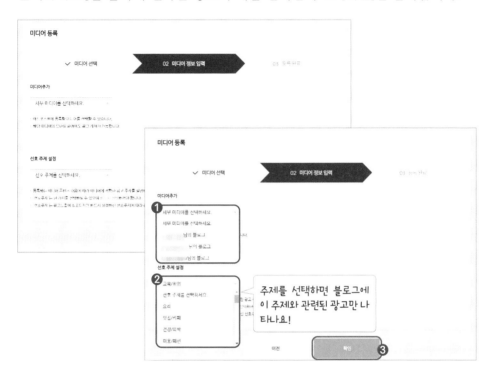

08 미디어 등록을 모두 마쳤습니다. 네이버에서 심사 후 승인 여부를 이메일로 알려 줍니다. 심사에는 영업일 기준 최대 5일 정도 소요됩니다.

09 이메일을 확인합니다. 왼쪽 이메일은 가입 조건을 채우지 못해 가입이 보류된 경우이고, 오른쪽 이메일은 가입이 정상적으로 승인된 경우입니다.

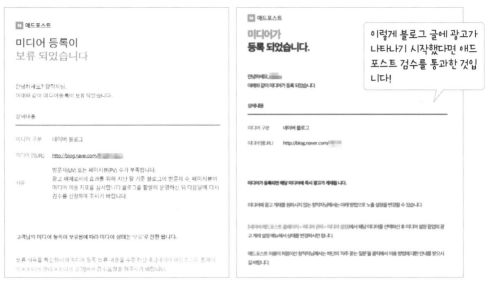

애드포스트 가입이 보류된 경우   애드포스트 가입이 승인된 경우

애드포스트 사용, 이 사항은 꼭 지켜 주세요

애드포스트에 가입하고 무사히 승인도 받았다면 이제 글의 광고 클릭 횟수에 따라 수익이 생기기 시작합니다. 이때 절대 해서는 안 되는 2가지가 있습니다. 애드포스트에서는 공개하면 안 되는 정보를 공개하는 행위, 블로거끼리 상대방의 글에 붙은 광고를 서로 클릭해 주거나 이를 유도하는 행위를 엄격하게 금지하고 있습니다. 만약 다음 2가지 기준을 지키지 않으면 경고를 받을 수 있으므로 주의해야 합니다.

1. 노출 수, 클릭 수와 관련된 정보 공개

애드포스트에서는 글을 작성할 때 노출 수, 클릭 수와 관련된 정보는 공개하지 않도록 하고 있습니다. 그러므로 애드포스트를 이용해 수익과 관련된 글을 작성할 때는 공개해도 되는 정보의 종류를 반드시 확인하세요.

노출할 수 없는 정보 목록(출처: 애드포스트 운영 정책)

만약 블로그 글 가운데 이용 약관, 운영 원칙에 위반되는 내용이 있으면 다음과 같이 애드포스트에서 주의 대상과 위반 내용을 포함한 경고 메시지를 이메일로 보내 줍니다. 내 블로그 글에서 위반 내용을 수정하면 간단히 해결되므로 너무 걱정하지 않아도 됩니다.

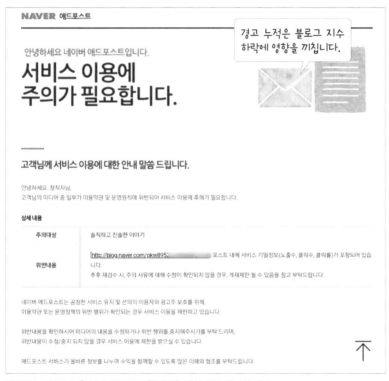

애드포스트에서 노출 불가 정보가 포함되었을 때의 경고 메시지 예시

2. 서로 광고를 클릭해 주거나 이를 유도하는 행위

애드포스트는 블로거들끼리 합의해 상대방의 글에 붙은 광고를 서로 클릭해 주는 행위를 엄격하게 금지하고 있습니다. 가장 많이 사용하는 방법은 무작위로 다른 사람의 블로그에 찾아가서 **광고 반사**를 하자는 댓글을 남기는 것입니다.

📝 '광고 반사'란 상대방의 글에 붙은 광고를 서로 클릭해 주는 것을 말합니다.

광고 반사를 한두 번 한다고 해서 바로 잡히지는 않지만, 반복하다 보면 경고를 받을 수도 있으니 절대로 하지 마세요. 광고 반사를 유도하는 댓글이 달리면 상대방의 아이디를 차단함으로써 애드포스트를 안전하게 활용할 수 있습니다. 다음은 네이버에서 금지하는 애드포스트 광고 클릭 유도 행위입니다.

애드포스트 운영 정책 전문은 애드포스트 웹사이트를 참고하세요.

> **2) 무효클릭 및 이를 유도하는 행위**
> 애드포스트 광고에 대한 클릭은 방문자의 관심에 의해 발생한 것을 전제로 합니다. 매크로나 개별 사용자로부터 발생하는 무의미한 반복 클릭, 대량 클릭, '클릭유도' 문구 등으로부터 발생한 클릭과 같이 인위적으로 광고주의 비용을 늘리거나 특정 회원의 수입을 증가시킬 수 있는 클릭을 '무효클릭'으로 판단합니다. 애드포스트는 광고주의 이익을 보호하기 위해 어떠한 방식으로든 무효클릭을 발생시키거나 이를 유도하는 행위를 엄격히 금지하고 있으며 자세한 내용은 다음과 같습니다.
> - 회원 본인 또는 다른 회원의 미디어에 게재된 광고를 지속하여 반복적으로 클릭하는 행위
> - 회원 본인 또는 다른 회원의 미디어에 게재된 광고를 방문자가 클릭하도록 유도하기 위한 문구, 도형, 이미지 등을 미디어 내에 포함하는 행위
>   예) "광고를 클릭하세요", "도와주세요", "링크를 클릭하세요", "모아서 기부할래요" 등
> - 메일, 메신저, SMS 등을 이용하여 클릭을 요청하는 메시지를 발송하는 행위
> - 로봇, 자동화된 클릭 및 노출 생성 도구, 자동 웹 브라우징, 클릭 교환 프로그램 등을 사용하여 인위적으로 클릭을 발생시키는 행위
> - 회사가 전송하는 광고를 사이트 또는 앱의 백그라운드에 숨겨 호출하는 행위
> - 방문자의 액션을 유도하는 버튼 등을 광고영역과 매우 근접하게 위치시키거나 위젯, 레이어 등을 이용하여 방문자의 오클릭을 유도하는 행위
> - 기타 다양한 부정한 방법을 사용하여 광고에 대한 클릭을 반복하거나 또는 광고를 노출시킴으로써 광고주에게 손해를 주거나 회원 본인 또는 제3자에게 이익을 주는 행위

네이버에서 금지하는 광고 클릭 유도 행위(출처: 네이버 애드포스트 운영 정책(adpost.naver.com/help/policy))

07-2 좋은 제품 알리고 수익 얻자! — 제휴 마케팅

#제휴마케팅 #링크 #구매유도 #쿠팡 #텐핑 #애드픽
#오늘의집 #마이리얼트립 #리더스CPA

밀키트나 주방용품 추천 글을 보고 들어갔다가 다음과 같은 링크를 발견한 경험
이 있나요? 편하게 제품을 구매할 수 있도록 배려해 넣은 링크라고 생각할 수 있
지만, 사실 이 링크는 블로거가 수익을 얻는 또 하나의 수익화 방법, '제휴 마케
팅'입니다. 자세히 보면 '활동의 일환으로, 이에 따른 일정액의 수수료를 제공받
습니다'라는 문구가 포함되어 있는 것을 확인할 수 있죠!

제휴 마케팅이 포함된 글 예시(@potata15, @bling0807)

제휴 마케팅은 빠르게 수익화할 수 있다는 장점이 있지만, 자신이 작성한 글의
주제와 관련 없는 링크를 삽입하면 저품질 글이 될 위험성이 높습니다. 제휴 마
케팅을 할 때는 글의 주제에 맞는 링크를 사용해야 하며, 내용 또한 링크와 관련
있으면서도 품질 높은 후기로 작성하는 것이 좋습니다.

쿠팡 파트너스로 시작하는 제휴 마케팅

제휴 마케팅은 자신이 작성한 블로그 글에 URL, 태그, 배너 등의 링크를 삽입해 클릭을 유도하고 구매가 일어나면 수익의 일부를 정산받는 것을 말합니다. 대표적인 제휴 마케팅 플랫폼으로 '쿠팡 파트너스', '텐핑', '애드픽' 등을 이용할 수 있는데요. 그중 간단하게 가입할 수 있는 쿠팡 파트너스로 제휴 마케팅을 시작해 보겠습니다.

쿠팡 파트너스 홈 화면

하면 된다! ⟩ 쿠팡 파트너스 가입하기

01 쿠팡 파트너스(partners.coupang.com)에 접속하고 [회원가입]을 클릭합니다.

02 ❶ [지금 가입]을 클릭합니다. ❷ 사용하고 있는 쿠팡 아이디가 있다면 [로그인]을, 없다면 [회원가입]을 클릭합니다. 여기서는 회원가입을 진행해 보겠습니다.

03 ❶ 개인 정보를 입력한 다음 ❷ [동의하고 가입하기]를 클릭합니다.

가입 후 쿠팡 파트너스 창이 사라 졌다면 웹사이트에 다시 접속해 [회원가입]을 클릭하세요!

04 ❶ 개인, 법인/개인 사업자(세금계산서 제공), 개인 사업자(세금계산서 미제공) 중 자신에게 해당하는 것을 선택합니다. ❷ 본인 정보를 확인하고 약관 동의 박스에 체크한 후 ❸ [다음]을 클릭합니다.

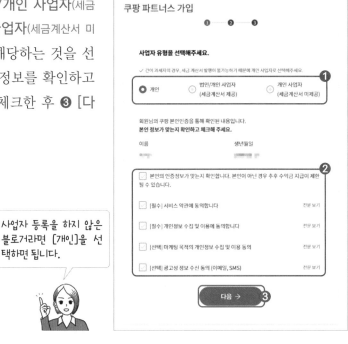

> 사업자 등록을 하지 않은 블로거라면 [개인]을 선택하면 됩니다.

05 ❶ 연락처와 이메일을 입력하고 ❷ [다음]을 클릭합니다. ❸ 쿠팡 파트너스 관리자 페이지로 이동해 오른쪽 상단의 ☺ 아이콘을 클릭하고 ❹ [내 정보 관리]를 선택합니다.

06 ❶ [웹사이트 목록]에 자신의 블로그 주소를 입력하고 [추가하기]를 클릭합니다. ❷ [모바일 앱 목록]은 입력하지 않고 아래의 체크박스에 체크한 뒤 ❸ [다음]을 클릭합니다.

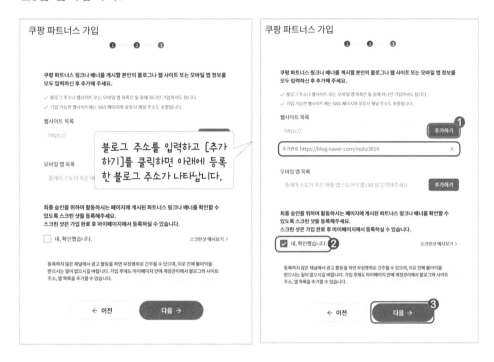

07 가입이 완료되었다는 창이 뜨면 [확인]을 클릭합니다.

쿠팡 파트너스는 별도의 승인 절차 없이 활동할 수 있습니다. 이제 링크를 만들고 블로그에 삽입하는 방법을 함께 알아보겠습니다.

하면 된다! ⟩ 쿠팡 파트너스 링크 만들고 블로그 글에 삽입하기

01 쿠팡 파트너스 관리 화면에 접속해 [링크 생성 → 상품 링크]를 선택합니다.

> 앞선 실습에서 [확인] 을 클릭하면 바로 이동 할 수 있습니다.

02 블로그 글에 삽입할 제품을 찾습니다. 마음에 드는 제품 위로 마우스 커서를 가져다 대면 [상품정보]와 [링크 생성] 버튼이 나타납니다. [링크 생성]을 클릭합니다.

03 [URL 복사]를 클릭해 단축 URL을 복사합니다.

버튼 아래의 주의 사항도 꼭 읽어보세요!

04 ❶ 블로그 글에 링크를 붙여넣습니다. 글을 다 작성했다면 마지막에 반드시 공정거래위원회 문구를 삽입해야 합니다. ❷ 03번 단계의 [활동 시 주의 사항]에 적힌 문구를 복사해 블로그 글 끝에 붙여넣으세요.

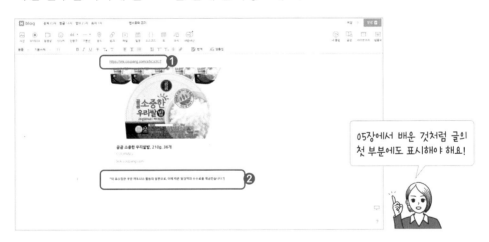

05장에서 배운 것처럼 글의 첫 부분에도 표시해야 해요!

쿠팡 파트너스는 익숙한 플랫폼에서 운영하고 참여 방법도 어렵지 않아서 많은 사람이 참여합니다. 전자 기기처럼 출시 시기에 맞춰 사람들이 많이 검색하는 키워드로 글을 작성하면 높은 수익을 얻기 쉬워서 이를 노리는 블로그도 많습니다.

추천! 제휴 마케팅 웹사이트 5곳

제휴 마케팅은 쿠팡에서만 할 수 있을까요? 물론 다른 웹사이트에서도 할 수 있습니다. 필자가 추천하는 제휴 마케팅 웹사이트를 알아보겠습니다.

1. 텐핑

자신이 작성한 글에 링크를 포함해 게시한 뒤 방문자가 클릭하거나 재생, 설치, 참여, 구매가 일어나면 적립률에 따라 캐시를 적립해 줍니다. 적립률은 홍보하는 제품을 판매하는 사이트에 따라 다릅니다.

텐핑(tenping.kr)

2. 애드픽

자신이 게시한 홍보 링크를 방문자가 클릭해 제품을 구매할 때마다 수익이 쌓입니다. 적립률은 홍보하는 제품마다 다릅니다. 브랜드를 직접 홍보해서 수익을 얻을 수도 있습니다.

애드픽(adpick.co.kr)

3. 오늘의집 큐레이터

자신이 게시한 홍보 링크를 방문자가 클릭해 제품을 구매하면 홍보비를 지급합니다. 큐레이터는 등급이 정해져 있으며, 등급에 따라 적립률에 차이가 있습니다.

오늘의집 큐레이터(ohou.se/curator)

오늘의집 큐레이터 등급 안내(출처: ohouse-curator.oopy.io/level)

4. 마이리얼트립 마케팅 파트너

자신이 게시한 링크를 방문자가 클릭해 7일 이내에 예약이 발생하면 수익의 일부를 정산해 줍니다. 누적 판매 금액에 따른 보너스 인센티브와 콘텐츠 제작 지원비까지 받을 수 있어 여행 블로거들이 가장 많이 활동합니다.

마이리얼트립 파트너(partner.myrealtrip.com)

5. 리더스 CPA

다른 제휴 마케팅 플랫폼에 비해 수익 단가가 가장 높고 주제가 다양하지만, 비싼 만큼 주의할 점이 많습니다. 비교적 안전하면서도 자연스럽게 자신의 글에 녹일 수 있는 주제만 선별해 링크를 삽입하세요.

리더스 CPA(leaderscpa.com)

앞서 쿠팡 파트너스에서도 살펴봤던 것처럼, 제휴 마케팅을 진행할 때는 이 글이 수익 창출을 목적으로 한 글이라는 점을 명시해야 합니다. 플랫폼에서 제공하는 문구나, '이 글은 업체로부터 경제적 대가를 받고 작성되었습니다.'와 같은 문구를 글에 포함시키면 됩니다.

제휴 마케팅은 주의사항만 잘 지켜 자연스러운 글을 작성하면 몇 번이고 수익을 얻을 수 있는 좋은 수익화 방법입니다. 한번 도전해 보세요!

07-3 블로그 글, 내가 대신 쓴다! — 원고 작가

#원고작가 #고객찾기 #마멘토 #셀클럽 #셀프모아

블로그를 운영하고 관리하면서 유난히 재미를 느끼는 활동이 있나요? 블로그에서 하는 모든 활동 중 글쓰기를 가장 좋아하는 분이라면 '원고 작가'로 활동해 수익을 내는 것을 추천합니다.

원고 작가는 관리 대행 업체에서 키워드와 기본 내용을 주며 의뢰하는데, 처음에는 일회성 계약을 합니다. 원고의 품질이 만족스럽다면 이후 한 달마다 글 작성 건수를 할당받을 수 있습니다. 원고료는 협의해 결정하는데, 글의 난이도에 따라 금액 차이가 큰 편입니다.

원고 작가의 업무를 정리하면 다음과 같습니다.

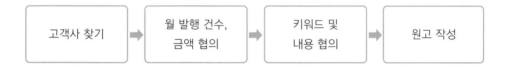

원고 작가는 얼마나 받을까?

다른 사람의 블로그에 업로드되는 글을 작성하는 원고 작가는 블로그 관리 대행 업체와 계약하고 일주일에 정해진 수의 글을 작성하는 형태로 일합니다. 원고료는 글의 길이와 주제에 따라 최소 천 원 단위에서 시작하고, 관리 대행 업체와 다시 대행 계약을 맺는 형태이므로 많은 돈을 벌기는 어렵습니다.

원고를 작성할 때에는 먼저 기한 준수, 비밀 유지 등의 내용이 들어 있는 계약서를 작성하고 업무를 시작합니다. 상위에 노출이 되는 글이 많아지면 원고료가 올라가지만 급격하게 오르지는 않습니다.

원고 작가는 대부분 프리랜서이므로 의뢰 업체에서 원고료를 계산한 후 세금으로 원고료의 3.3%를 제한 뒤 지급받습니다.

원고 작가는 어디서, 어떻게 찾을까?

블로그 원고 작가를 찾는 수요는 광고대행사에서 월등하게 많습니다. 블로그 관리 대행을 의뢰받았을 때 사내 직원이 모든 글을 작성하는 데 한계가 있으므로 외주 작가를 모집하기 때문입니다. 광고대행사에서 외주 작가를 구할 때 이용하는 플랫폼인 **마멘토, 셀클럽, 셀프모아**에서 원고 작가 구인 글을 찾을 수 있습니다. 다음과 같은 방법으로 접속해 보세요.

글을 확인할 때는 회원 가입이 필요 없지만, 연락처를 회원 전용으로 공개해 둔 글의 경우 회원 가입을 해야 할 수도 있습니다.

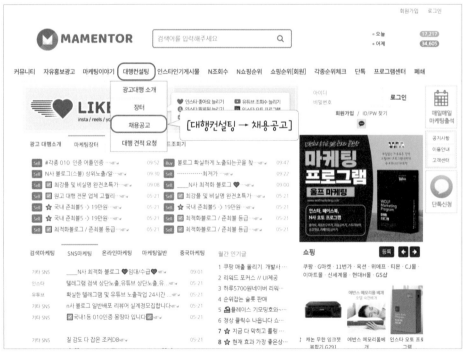

마멘토(mamentor.co.kr)

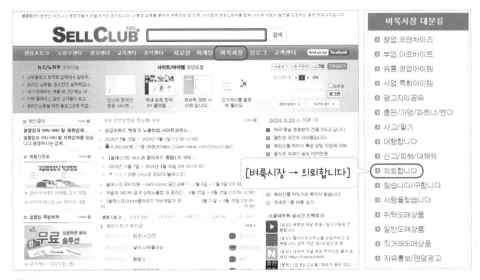

셀클럽(sellclub.co.kr)

셀프모아(selfmoa.com)

07-4 쇼핑몰, 쉽게 만들자! — 블로그 마켓

#블로그마켓   #판매자가입   #도매몰

쇼핑몰을 운영하고 싶지만 웹사이트를 만들어야 하는 번거로움 때문에 포기한 적 있나요? 그렇다면 블로그 마켓으로 나만의 쇼핑몰을 시작해 보세요. 블로그 마켓은 자신의 블로그에서 직접 제품을 판매할 수 있는 시스템으로, 2020년 출시한 이래로 꾸준히 성장하고 있습니다.

블로그에서 만드는 나만의 쇼핑몰, 블로그 마켓

많은 유명 브랜드의 시작이 블로그 마켓이었다는 사실, 알고 있나요? 블로그에서도 물건을 판매할 수 있는 기능이 있습니다. **수수료 또한 최대 3.6%대로 일반 마켓에 비해 낮은 수준입니다.** 블로그 마켓은 신청 장벽도 크게 낮아져서 블로그를 활용해 수익화하는 데 좋은 수단이 될 수 있습니다.

블로그 마켓

이렇게 블로그와 블로그 마켓을 함께 운영하다 보면 기업에서 판매 제안을 받을 수도 있습니다. 이런 경우에는 일정 수수료를 받고 내 블로그 마켓에 기업의 물건을 대신 판매합니다. 하지만 보통 내가 원하는 제품을 판매하기 위해 기업에 연락해 거래 계약을 따내는 형태로 운영합니다. 이때는 기업에서 받아오는 가격에 마진을 조금 붙여 판매합니다.

하지만 블로그 마켓을 처음 운영한다면, 일단 마진이 적더라도 '무엇이든' 판매해 보는 것을 추천합니다. 일단 판매가 어떻게 되는지 알아야 이 사업을 어떻게 키울지 알 수 있기 때문이죠.

블로그 마켓에 가장 최적화된 주제는 패션 의류, 잡화, 리빙이므로 일단 이 키워드를 가지고 판매를 시작해 보세요.

블로그에서 바로 상품을 판매하는 블로그 마켓(출처: @mjydestiny)

블로그 마켓에 가입하려면?

블로그 마켓은 개인 사업자만 가입할 수 있으므로 신청 전 사업자 등록 및 통신 판매업 신청이 필요합니다. 또한 제품을 판매할 블로그는 자신의 이름으로 되어 있어야 하고, 가족이나 지인, 직원의 아이디로는 운영할 수 없습니다. 최근 1년 이내에 직접 작성해 전체 공개로 발행한 글이 3개 이상 있어야 블로그 마켓 가입 을 신청할 수 있습니다.

📝 사업자 등록 및 통신판매업 신청 관련 내용은 학습자료로 제공합니다! 이지스퍼블리싱 홈페이지의 자료실에서 다운로드하세요.

하면 된다! ⟩ 블로그 마켓 가입하기

블로그 마켓을 운영하려면 먼저 회원 가입을 해야 합니다. 사업자 등록증을 준비한 후 따라해 보세요.

01 블로그 메인 화면의 오른쪽 상단에 보이는 [블로그 마켓 가입]을 클릭합니다.

02 [지금 바로 블로그 마켓 가입하기]를 클릭합니다.

03 블로그 마켓 가입 창이 나타납니다. [시작하기]를 클릭해 본인 인증과 약관 동의 등 절차를 진행합니다.

04 ❶ 네이버 페이센터로 이동한다는 메시지 창이 뜨면 [확인]을 클릭합니다. 새로운 창에서 네이버 페이센터 웹사이트가 나타나면 ❷ 개인정보 3자 제공 동의 박스를 클릭해 체크하고 ❸ [동의]를 선택합니다.

05 ❶ 약관 동의가 완료되었다는 메시지 창이 나타나면 [확인]을 클릭합니다.
❷ 1단계 가입 전 확인 화면이 나타나면 [개인사업자]를 선택합니다. 로그인 정보
(아이디)를 입력한 뒤 유의 사항을 꼼꼼히 확인하고 체크합니다. ❸ 모두 마쳤으면
[다음]을 클릭합니다.

06 ❶ 2단계 정보입력 화면에서 가입 약관에 동의한 후 사업자 정보 등 필요한
정보를 모두 입력합니다. ❷ [가입 기본정보 등록]을 클릭합니다.

07 가입 신청이 완료되었다는 창이 뜨면 [확인]을 클릭합니다.

08 등록된 내용을 바탕으로 심사가 진행됩니다. 심사는 영업일 기준 최대 5일이 소요되고, 결과는 네이버 페이센터에서 이메일과 문자로 안내합니다.

심사가 끝나면 이제 정식으로 블로그 마켓을 운영할 수 있습니다. 블로그 마켓으로 등록된 블로그는 모바일 환경에서 [마켓블로그]라는 태그가 붙으며, PC 환경에서는 블로그 하단에 [블로그 마켓 이용약관]이 나타납니다.

마켓블로그 태그가 붙은 블로그(출처: @jaf4477)

이제 준비가 거의 끝났습니다. 마지막으로 블로그에 사업자 정보를 등록하면 됩니다.

하면 된다! ﹜ 블로그에 사업자 정보 등록하기

블로그에 사업자 정보를 등록할 때는 위젯 기능을 이용하면 간편합니다.

01 블로그 메인의 프로필 하단에 있는 [관리]를 클릭합니다.

02 ❶ [꾸미기 설정 → 레이아웃·위젯 설정]을 선택하고 ❷ 오른쪽 하단의 [위젯 사용 설정]에서 [사업자정보] 앞에 체크합니다.

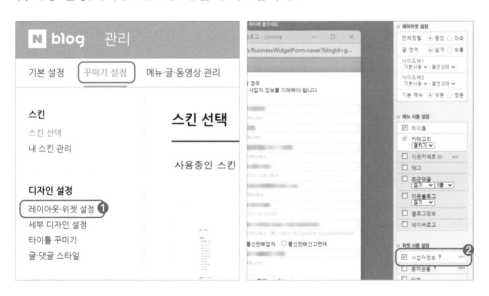

03 [사업자정보 설정] 페이지가 새 창으로 나타나면 **❶** 해당 내용을 입력한 후 **❷** [확인]을 클릭합니다. **❸** 마지막으로 화면을 스크롤하고 하단에서 [적용]을 클릭해 저장하세요.

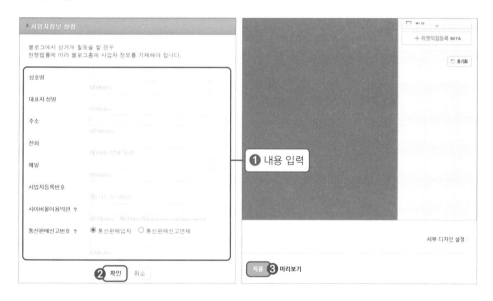

04 블로그의 메인 화면에 사업자 정보가 노출됩니다.

📝 사업자정보 위젯의 위치도 바꿀 수 있어요! 자세한 방법은 2장 58p를 참고하세요.

블로그 마켓에 등록할 제품, 여기에 다 모았다!

블로그 마켓에 개인 사업자로 등록했다면 각종 도매 웹사이트에 가입해서 판매할 제품을 찾아볼 수 있습니다. 대표적인 도매 웹사이트에는 온채널, 도매꾹, 오너클랜 등이 있는데, 각각 개인 사업자로 회원 가입해 제품 정보를 받은 후 판매가 이루어지면 주문을 넣어 고객에게 직접 배송하면 됩니다.

네이버 혹은 구글에서 농산물, 펫, 의류, 뷰티 등 '카테고리 + 도매'를 검색하면 많은 정보를 찾을 수 있습니다.

가방, 의류, 펫 용품, 화장품 등 카테고리별로 특화된 도매 웹사이트에 가입하면 남들과 겹치지 않는 제품을 다양하게 찾을 수 있습니다. 다음 표는 필자가 사용해 본 도매 사이트를 카테고리별로 정리한 것입니다.

필자가 추천하는 카테고리별 도매 사이트

카테고리	웹사이트명	웹사이트 주소
종합	온채널	www.onch3.co.kr
종합	도매꾹	domeggook.com
종합	오너클랜	ownerclan.com
화장품	화장품스토리	www.cmtstory.com
농수산물	농촌푸드	ruralfood.cafe24.com
스포츠/레저	넘버원스포츠	1sports.kr
종합	만이팔오	1000285.com
문구	퍼줌	www.perzoom.co.kr
출산/육아	토이즈데이	www.toyzday.com
신선식품	금천미트	www.ekcm.co.kr

체험단 모집 대행/지식창업에도 도전해 보세요!

앞서 배운 내용을 통해 블로그를 키웠다면, 이제 이 블로그를 나의 이력으로 삼아 조금 다른 활동에 도전해 볼 수 있습니다. 사실 블로그를 직접 이용하지 않는 수익화 방법도 많답니다. 체험단 모집 대행과 지식창업이 대표적인 예죠! 그동안 쌓아온 경험을 수익화에 활용해 나만의 사업을 꾸릴 수 있습니다. 그럼 체험단 모집 대행과 지식창업이 무엇인지 하나씩 살펴볼까요?

체험단 모집 대행이란?

체험단은 누가 관리하는지 궁금한가요? 물론 체험단을 직접 관리하는 업체도 있지만, 대부분 체험단 모집 대행 서비스를 이용합니다. 체험단 모집 대행은 업체에서 의뢰를 받아 체험단 모집부터 제품 발송, 후기 취합과 결과 보고까지 모든 과정을 대신해 주는 서비스입니다.

자신의 지식을 바탕으로 운영하는 체험단 모집 대행

처음에는 '크몽'과 같은 재능마켓에서 나를 직접 알리며 서비스 후기를 모으는 것이 좋습니다. 업체와는 보통 일회성으로 계약하게 되지만, 처음 거래를 시작하고 결과로 만족시켰다면 이후 비즈니스 관계를 이어가는 것은 어렵지 않습니다. 마무리까지 깔끔하게 해내 재계약을 이끌어 내세요. 체험단에 참여하면서 알게 된 노하우가 있다면 이를 내 서비스에 적용해 보는 것도 좋습니다.

지식창업이란?

지식창업은 자신이 쌓은 지식과 경험, 노하우, 정보 등을 재가공해서 다른 사람에게 판매하거나 문제를 해결해 주고 수익을 얻는 사업 방식을 말합니다. 가계부 정리, 인플루언서 되기 등 무형의 지식을 정리해 필요로 하는 사람들에게 제공하고 대가를 받는 것을 예로 들 수 있습니다. 지식창업을 홍보하기 위한 수단으로 가장 적합한 것이 바로 블로그입니다. 블로그를 이용하면 광고에 공을 들이지 않아도 검색을 통해 사람들에게 노출되어 판매까지 이어질 수 있기 때문입니다.

자신만의 노하우를 책이나 강의로 만들어 판매하고 있어요!

자신만의 지식을 정리해 판매하는 지식창업

한때 유행하던 '미라클 모닝 챌린지'를 예로 들어보겠습니다. 지금도 많은 사람이 블로그를 통해 참가비를 받고 미라클 모닝 챌린지를 운영하며 자기계발과 같이 새로운 영역으로 확장하고 있습니다. 우선 내 사업과 관련된 챌린지로 가볍게 시작한 뒤 확장해 가세요.

📝 '챌린지'란 일상에서 목표를 세우고 실천하는 것을 공유하는 문화로 MZ 세대에서 인기를 끌고 있습니다. '미라클 모닝'은 평소보다 이른 시간에 일어나 운동이나 독서 등 자기계발을 하는 활동을 말합니다.

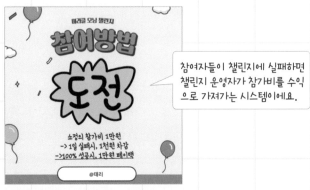

참여자들이 챌린지에 실패하면 챌린지 운영자가 참가비를 수익으로 가져가는 시스템이에요.

미라클 모닝 챌린지 예시(@njjung0565)

더 큰 수익 창출의 길! 새로운 사업으로 확장하기

체험단 모집 대행과 지식창업, 챌린지 운영으로 후기를 어느 정도 모았다면, 이제 새로운 영역으로 확장해야 합니다. 내 손을 떠난 노하우는 시장에서 금방 공유되기 때문입니다. 새로운 사업으로 확장하는 3가지 방법을 소개합니다.

구분	내용
1. 전자책 판매	블로그 글은 시간이 지나면 순위가 하락하고 블로그 안에서도 뒤로 밀려 찾기 어렵습니다. 이럴 때 정보를 모아 책으로 엮어서 판매할 수 있습니다. 처음에는 책의 일부를 무료로 제공하고, 책의 후기가 쌓이면 재능마켓이나 블로그, 펀딩 웹사이트에서 판매합니다.
2. 강의	별 것 아니라고 생각했던 지식도 누군가에게는 돈을 주고 배울 가치가 있는 내용입니다. 내가 알고 있는 노하우를 정리해서 커리큘럼을 만들고 이를 강의로 진행해 보세요. 다른 강의의 후기를 읽으면서 수강생에게 필요한 정보가 무엇인지 고민하고 그 정보를 제공하는 강의를 기획하면 됩니다.
3. 컨설팅	한 분야의 전문가로 인정받았다면 사람들의 고민을 1:1로 해결해 주고 시간당 비용을 받는 컨설팅 사업까지 확장할 수 있습니다. 이 사업에서 모은 컨설팅 후기는 강의를 판매할 때 증빙 자료로 활용하세요.

블로그를 기획할 때 작성했던 자신의 정체성을 기억하나요? 체험단에 참여해 후기를 작성하고 블로그 관리도 어느 정도 해봤다면, 이제 목표를 향해 한 발짝 더 나아가야 합니다. 체험단 모집 대행과 지식창업에 도전해 새로운 수익의 길을 열어 보세요.

〈한글〉

가

가독성	109
가이드	127, 130, 138, 141
건강기능식품	127, 156, 198
건강보조식품	128
검색 의도	82
게시 요청	209
계약서	231
공동구매	67, 68
공정거래위원회 문구	157, 170
공지사항	107, 108
관심사	18, 39, 42, 174
광고 반사	220
교통비	66
구간 나누기	98
구매형 체험단	102, 132
국내여행	66, 74
글 강조형	63
글 노출 개수	52
글 누락	31, 185
글보기 유형	50
글자 수 세기	88, 145
금칙어	188
기본 정보	45, 116
기자단	103
꾸미기 설정	240

나

나를 추가한	204
낚시 글	80
네이버 검색	122, 179, 185
네이버 로그인	113
네이버 인플루언서	203
네이버 인플루언서 키워드	48
네이버 큐	210
네이버 페이센터	237
네일아트 후기	149
느낌표	82

다

단가	68, 230
대주제	36
대표메뉴	62
댓글	27, 29, 30, 206
도매 사이트	242
디자인 만들기	54, 94
띄어쓰기	208

라

레뷰	113, 132, 158, 163
레이아웃 설정	58
뤼튼	92
리더스 CPA	230
리무브 백그라운드	111
링크 생성	226

마

마감 기한	127
마멘토	232
마이리얼트립 마케팅 파트너	229
만블	31
만족도	93, 200
맛집 후기	147
매장 방문	130, 132
메인 이미지 목록	63
모아스픽	124
모자이크	91, 134
문제 해결	83, 91, 186
미니 삼각대	137
미디어 등록	216
미디어 연결	118

미리캔버스	53, 94
미용실 후기	150

바

방문 시간	126
방문 체험단	101
방문자 이탈	196
배송형 체험단	102, 154
보상	213
보조 배터리	137
보조 주제	61, 63
뷰스타	31
뷰티 블로그	125
블랙키위	77, 183
블로거	30
블로그 관리 대행 업체	231
블로그 기획서	44
블로그 대여	209
블로그 데이터	16
블로그 마켓	234
블로그 앱	60, 85, 98
블로그 용어	30
블로그 원고 작가	231
블로그 점검	28
블로그 지수	30, 37, 43, 189
블로그 챌린지	20
블로그 평균 데이터	34
비공개	56
비율	51, 92
비주얼 타이머	99
비즈니스	71, 74

사

상세 페이지	90
상위 노출	30, 78, 151, 175
상품 링크	226
색상 채우기	55

서로이웃	31, 201	옵션	122	작성형 기자단	103
서이추	31	외국어	71, 74	재능마켓	243
서포터즈	103, 123	외부 채널	53, 60	저작권	70, 92, 186
선정 기준	110	요소	54, 96, 134	저품질	31, 104, 207, 221
섬네일	30, 50, 94	운영 목표	33	적립률	228
성별	36, 181	운영 원칙	219	전달형 기자단	103
세부 주제	37, 49, 74, 125	원고료	66, 167, 231	전문성	174
셀클럽	233	웨일 브라우저	91	전시	70, 74
셀프모아	189, 233	위젯	45, 53, 240	정방형	51
소비자	17, 101	위젯직접등록 BETA	58	정보 공개	218
소재	40, 88	위치	59, 97	정체성	29, 39, 176
쇼핑몰	208, 234	유튜브	89, 91	제목	36, 76, 142, 168
수익화	213, 221, 234, 243	육아	68, 74, 242	제품 정보	90
수입 지급 정보	215	음성 입력	86	제품 체험단	
스댓공	31	음악	70, 74		102, 121, 127, 138
스마트블록	77, 148	의료기기	127	제휴 마케팅	136, 221
스마트스토어	186	의약법	127	조회 수	34, 91, 175, 185
스크랩	31, 175, 178	이 글에 공감한 블로거	205	주 활동정보	116
스킨 변경	58	이달의 blog	19	주관적	127
식품 후기	155	이미지 강조형	62	주의사항	126, 133
		이미지 주소 복사	57	주제	34, 66, 107, 146
아		이슈 글	197	중간값	34
안내 메시지	201	이웃	27, 31, 201	중복 문서	91, 158, 186, 208
애드포스트	24, 31, 213	인스타그램	60, 122	지식창업	243
애드픽	228	인증 배지	53	지역 온라인 홍보단	123
앨범형 글보기	45	인터뷰	22	질문 주제	136
약사법	127	인테리어	68, 74, 150, 162		
어그로성	80	일관성	28	**차**	
얼티밋 포커스	99	일반 블로그	26	책	70
엑스텐시오	43	일일 방문자 수	31	챌린지	20, 244
연관 검색어	208	일일 평균 방문자 수	31	천블	31
연령별	36, 181	임상 실험	127	체류 시간	30, 187
연예인 정보	197	임시 저장	85	체크리스트	29
영화 줄거리 글	199			체험 내용	131
예약 시간	133	**자**		체험단	101, 111, 119, 146
오늘의집 큐레이터	229	자기소개	111	체험단 모집 대행	243
오픈 채팅방	119	자동차	68, 74, 133, 153	체험단 모집 앱	124

체험단 예약 130
최적화 블로그 30, 207
추가 정보 82, 146

카

카카오톡 119, 167
카테고리 48, 209, 242
카페 후기 152
캔버스 크기 54
콘셉트 29
콘텐츠 41, 158, 186, 197
쿠팡 파트너스 222
쿠팡 후기 89
클릭률 82, 93
키워드 30, 48, 141, 180
키워드 알림 설정 120

타

타기팅 키워드 151
타깃 독자 42
텍스트 추가 55, 94
통계 34, 77, 180
투잡커넥트 121
트래픽 30
트렌드 181

파

파우더룸 125
파일 형식 56
판매 유도 129
평균 사용 시간 35
포스팅 30, 207
품앗이 30
프로필 47, 50, 56, 61
프로필 이미지
111, 115, 158, 164
프롤로그 60
피드 31, 204

하

합격 알림 130
핵심 주제 61
허니뷰 125
협찬 66, 102, 157
호텔 후기 153
홈쇼핑 정보 글 198
화장품 후기 154
화질 93, 109, 186
황금 키워드 30, 180
회원 가입 113, 214, 222, 236

영문·숫자

DIY 68, 74
href= 57
IT 68
SNS 16, 117
src= 57
1일 1포스팅 30, 207
30일 74

된다!
네이버 블로그 상위 노출
— 전면 개정판

인공지능 시대에도 살아남는 블로그 운영법

황윤정 지음 | 340쪽 | 18,000원

된다!
하루 5분 노션 활용법
— 전면 개정판

포트폴리오 제작부터 노션 AI로 글쓰기까지!

이다슬 지음 | 224쪽 | 16,800원

안전하게 블로그 활동을 이어가고 싶다면?
저작권법 제대로 알고 **생성형 AI**로 걱정 없는 이미지 만들자!

된다!
유튜브 · SNS · 콘텐츠
저작권 문제 해결

꼭 알아야 할 저작권법과 분쟁 유형 총망라!

오승종 지음 | 448쪽 | 18,000원

된다!
생성형 AI 사진&이미지 만들기

정확도를 높이는 프롬프트 글쓰기부터 검증 방법까지!
어떤 인공지능에서도 통하는 프롬프트 작성법

김원석, 장한결 지음 | 260쪽 | 18,000원